워십리더 멘토링

10명의 예배 인도자에게 듣는
다음 세대 예배인도자
멘토링 이야기

Tom Kraeuter
다음 세대 예배 인도자를 세워라

워십리더
멘토링

탐 크라우더 엮음 / 황성은, 고진호 옮김

intimacy with god

the Father Heart of God

THE HOLY SPIRIT'S WORK IN WORSHIP

벧엘

~

이 책을 위해 기꺼이 삶을 공유한 작가 분들과

이 책이 필요한 이들의 손에 닿도록 후원하신 분들과

페이스 바이블 교회, 컬트 골드그랩,

진 레이에스 드 곤잘레즈, WorshipTeam.com과

출판 과정에서 편집으로 도와준 제니퍼 브로디와

프랜무어에게 감사드립니다.

~

목 차

서론

INTRODUCTION

우리 지역 교회에는 예배 인도법을 제대로 배운 적이 없지만 타고난 음악 재능 때문에 회중 예배를 인도하는 성실하고 착한 형제자매가 많다. 편의상 이런 사람들을 "로건"이라고 부르자. 로건은 이 책에 나오는 많은 문제의 주인공이지만 이 문제가 다 로건의 잘못만은 아니다. 사실 로건은 예배 인도가 무엇인지도 모른 채 타고난 음악 실력 때문에 자의 반 타의 반으로 예배를 인도한 잘못 밖에 없다.

나는 여러 교회에서 예배를 가르치며 많은 로건을 만났다. 때때로 로건의 이름은 조던이나 한나 혹은 아론이나 브룩이었으며 감리교나 침례교, 장로교, 오순절 혹은 초교파였다. 내가 만난 많은 로건의 한 가지 공통점은 제대로 훈련받은 적이 없다는 점이다. 로건과 비슷한 처지에 놓인 사람들은 인터넷 사용법을 모르는 걸까. 그렇지 않다. 로건은 이미 좋은 정보를 많이 모았지만 주변에 진실한 조언이나 현실에 기반을 둔 실제적인 도움을 줄 "사람"이 없다. 유튜브와 수많은 예배 사역 홈페이지와 블로그에 좋은 내용이 많지만 사람과 사람이 나누는 진정한 멘토링을 인터넷 정보로 대신할 수 없다. 멘토링은 하나님 나라를 세우는 방법으로 "제자"의 현대적 용어이며 한 사람이 다른 사람에게 자신의 삶을 쏟아붓는 것을 말한다. 예수님도 멘토링의 본이 되사 열두 제자를 훈련하셨다.

나는 예배 인도를 시작하고 얼마 후 내 안에 다른 사람들의 예배 섬김을 돕고 싶은 강한 열망이 생겼다. 지금 생각하면 그 열망이 바로 멘토링의 열망이었다. 이후 나는 예배 인도 영역에서 수많은 사람에게 영향을 끼쳤다. 나는 예배 인도의 은사와 재능이 훈련으로 더 좋아질 수 있다고 믿으며 지금도 사람들이 하나님을 예배하도록 인도하는 방법을 가르친다. 멘토링은 하나님께서 나에게 허락하신 귀하고 거룩한 특권이다.

이 책에 다른 이들을 위해 신중한 자세로 자신의 삶을 희생하며 아끼지 않고 쏟아부은 예배자들의 실제 이야기가 담겨 있다. 우리는 앞서간 예배자들의 글을 보면서 그들의 삶과 사역의 실제 영역에 가까이 들어가서 예배자를 세우는 멘토링 과정을 상세히 보고 배우며 나란히 걸을 것이다. 이 책은 추상적이고 이론적인 내용보다 예배 인도 사역에서 다른 사람을 도운 실용적인 사례로 가득하다.

어떻게 다른 예배자를 훈련하고 세우는지 알고 싶은가? 이 책에 도움을 주는 가르침이 있다. 다른 누군가에게 꼭 가르쳐주고 싶은 내용을 어떻게 전달하는지 알고 싶은가? 이 책에 실제 인생을 변화시키는 가르침이 있다. 이 책에서 우리가 발견할 놀라운 사실은 누군가의 멘토가 되는 방법이 한 가지가 아니라는 것이다. 누군가를 도우려고 다가가는 방법은 이 책의 저자들만큼 다양하다. 각 저자의 글 쓰는 방식이 다르듯 그들의 멘토링 방식도 다르다. 어떤 이는 일대일 방식에 가깝고 어떤 이는 공동체 방식을 선택한다. 이 책이 제안하는 다양한 접근 방법 중에서 당신에게 가장 적합하고 실용적인 방법을 선택하라.

하나님이 세우시는 다음 세대 예배자들은 누구인가? 어떻게 그들이 자리 잡도록 도울 것인가? 우리는 이 책에서 질문의 답을 찾을 것이다. 이 책은 다음 세대가 하나님의 부르심을 발견하고 능력으로 일어서도록 돕는 실제적인 삶과 실용적인 아이디어와 풍부한 영감을 제공한다. 우리는 당신과 함께하는 이들이 그리스도의 몸 된 교회에 강력하고 선한 영향력을 끼치도록 우리가 경험한 모든 것으로 돕고 싶다. 이 가슴 벅찬 여행의 시작부터 끝까지 하나님께서 여러분과 함께하기를 기도한다.

- 탐 크라우터

1장

당신이 모르는 것…

YOU JUST NEVER KNOW…

몬티 켈소

나는 2011년 1월 캘리포니아에서 라이언 커크랜드와 모니카를 처음 만났다. 이제 결혼한 지 1년 된 라이언 부부는 낯선 첫 만남의 어색함을 밝고 반짝거리는 눈과 활기찬 걸음, 따뜻한 포옹으로 모두 없앴다. 플로리다 올랜도의 디스커버리 교회^{DISCOVERY} ^{CHURCH}에서 라이언을 멘토링 한 내 친구가 나에게 라이언을 소개했다. 로키는 라이언이 십 대였을 때 예배 인도자의 재능을 발견했다. 나는 처음 라이언을 만나 달라는 부탁이 별로 내키지 않았지만 라이언을 향한 로키의 칭찬을 들으면서 마음이 바뀌어 젊고 야심 찬 부부를 만나야겠다고 결정했다.

라이언과 모니카는 플로리다에서 좋은 평판과 사랑하는 가족과 친구들의 보호를 떠나 인맥도 직장도 살 집도 없는 로스앤젤레스의 임시 숙소로 와서 예술가의 꿈을 이루는 모험을 시작했다. 모니카는 성공을 원하는 열정적인 배우였으며 라이언은 Between The Trees라는 밴드의 간판스타로써 상당한 성공을 맛본 싱어송라이터SINGER-SONGWRITER였다. 라이언 부부는 현실에 안주하지 않고 미지로 가득한 큰 도시 로스앤젤레스에서 겸손한 자세로 빡빡한 생활비를 아껴 꿈을 위한 비상금도 모았다. 생활이 쉽진 않았지만 젊은 부부는 자신의 꿈이 하나님으로부터 왔음을 확신했으며 이 소망을 따라가는데 열정적이었다.

라이언 부부를 처음 만난 날 저녁, 나는 라이언 부부와 급속도로 가까워졌다. 라이언 부부는 나에게 자신의 삶을 열정적으로 나눴다. 라이언과 모니카의 이야기 속에는 솔직한 두려움과 소망의 확신과 하나님의 약속을 신뢰하는 믿음으로 가득했다. 나는 라이언 부부에게 하나님의 신비를 의지하고 소망을 향해 전진하는 모험을 방해하는 두려움과 맞서 싸우라고 권면했다. 라이언과 모니카는 생전 처음 만나는 내가 자기의 꿈을 진심으로 지지하는 것에 큰 감사를 표현했다.

나는 이 젊은 부부를 격려하려고 나와 아내의 모험을 나누었고 다행히도 내 이야기가 라이언 부부에게 위로가 되었다. 나는 라이언과 모니카의 꿈과 가능성을 진심으로 믿고 격려했다. 저녁 늦은 시간에 작별 인사를 하고 라이언 부부는 로스앤젤레스의 초라한 임시 숙소로 떠났다. 나는 이날 저녁 식사에 함께한 둘째 아들을 향해 미소를 지으며 말했다. "우리는 라이언과 모니카를 또 보게 될 거야." 아들은 내 말에 고개를 끄덕이며 동의했다.

3개월 후, 나는 갑작스럽게 라이언의 문자를 받았다. 라이언 부부는 도요타 코롤라(역자 주 : 미국에서 가장 저렴하고 흔한 국민 자동차)를 몰고 고향 플로리다에서 캘리포니아로 오는 중이었다. 나는 정말 기뻤다. 라이언 부부는 꿈을 위해 완전히 이사하기로 결정한 후 앞으로 살 집을 알아보려고 일주일 정도 로스앤젤레스에 머물기로 했다. 나는 라이언 부부의 결정을 듣고 1979년의 일들이 떠올라 마음이 뜨거웠다. 1979년에 나도 신혼부부였다. 아내 크리스타와 인디애나주에서 캘리포니아 오렌지카운티로 이사하면서 라이언과 모니카 부부처럼 비슷한 신앙의 도약을 했다. 나는 기도하면서 라이언 부부를 진심으로 응원했다.

　며칠 후 국토 횡단 수준으로 운전하던 라이언 부부의 안부 문자를 받고 직감적으로 그들이 살 곳을 구하기 어려워졌다는 생각이 들어 아내와 상의 후 기쁨으로 꿈을 향해 걸음을 내디딘 라이언 부부가 남부 캘리포니아에 자리 잡을 때까지 우리 집에 함께 머무는 것을 포함해 할 수 있는 무엇이든 돕기로 했다. 나는 라이언 부부에게 예측할 수 없는 믿음의 여정에 의지할 친구가 있다는 위로를 주고 싶어서 곧바로 내 제안을 보냈다.

　놀랍게도 라이언은 내 문자를 받기 10분 전, 텍사스의 광활한 황무지를 지날 때 준비한 임시 주택을 사용할 수 없다는 연락을 받고 마음이 어려운 상태였다. 미리 계획하면서 간신히 준비한 것이 막힐 때의 막막함을 경험한 적이 있는가? 더구나 그것이 낯선 곳에서 살 집이라면 얼마나 힘들까? 하지만 라이언은 얼마 후 내 문자를 받고 하나님이 모든 상황을 오케스트라를 지휘하듯 정교하게 지휘하시는 것을 깨달으며 믿음의 여정에 공급하시는 하나님의 자비에 압도되었다고 고백했다.

라이언 부부가 도착하면서 내 인생에 중요한 멘토링이 시작되었다. 약 4년이 지난 지금 나는 라이언과 멘토링으로 인격적 관계를 나누면서 삶의 여러 영역에서 라이언이 성장하는 것을 지켜보는 중인이 되었다. 나는 라이언의 성장을 "바로 곁"에서 지켜보면서 그가 하나님의 사람, 지도자, 목사로 성숙해 가는 과정에서 내 역할을 실감한다. 라이언과의 멘토링은 나에게 새로운 성취감을 주었으며 이전과 다른 차원의 사역을 시작했다는 감동이 들었다. 이 멘토링은 전략적 계획이나 공교육의 성과, 성공적인 금융 포트폴리오나 최근에 일어난 영적 성장의 결과가 아니라 그저 단순히 하나님이 갑작스럽게 열어주신 라이언과의 멘토링에 내가 믿음으로 순종하자 일어난 결과였다.

성공의 이면

디지털 가전제품 기업 제너럴 일렉트릭GENERAL ELECTRIC COMPANY의 전 최고 경영자 잭 웰치JACK WELCH는 이런 말을 했다. "지도자가 되기 전의 성공은 자신을 성장시키고 지도자가 된 후의 성공은 타인을 성장시킨다." 나는 잭 웰치의 말에 깊은 감명을 받았다. 성공과 성취는 종종 환상과 신기루 같다. 성공과 성취를 말하는 사람이 하나님 안에 깊이 뿌리 내리지 않았을 때 특히 더 그렇다. 내가 예배 목사로서 한 많은 사역을 되돌아보면서 나는 내 예배와 예술사역의 성취를 다른 사역과 얼마나 차별되었는지를 기준으로 삼았는지 깨달았다. 주일 오전 예배 사역에 굉장히 급진적인 변화가 일어나던 80년대 중반부터 2000년대 초반의 수년간은 특히나 더 다른 사역과 내 사역을 비교하며 승리감에 도취했다.

내가 예배를 인도하던 교회는 예술을 개혁하고 촉진하는 최전선에 있었으며 잘 만든 최신 아이디어를 적용한 최첨단 방법으로 예배팀의 효율성을 얼마나 높이는가에 성공의 기준이 있었다. 나는 하나님께 모든 삶을 드려서 전심으로 영광 돌리길 원했지만 사실은 하나님께 영광 돌리는 것보다 문화 경쟁에서 이기고 싶은 마음이 더 컸음을 깨달았다. 나는 항상 성실함과 타인을 향한 친절함, 민감하게 깨어있기, 하나님이 주시는 "일용할 양식"에 열린 반응 같은 것이 내가 영향력 있는 사람이 될 충분한 기회를 준다는 신념으로 살았으며 실제로 사역에서 그렇게 실천했다.

나는 기회가 왔을 때 용기를 내어 위험을 감수하면서 동시에 나름대로 "초심을 지키는 노력"도 했고 하나님의 은혜로 내 열정과 재능과 노력을 믿어주는 사람들과 함께 내 성공은 실재가 되었다. 내가 말한 것과 일한 것들, 내 인생을 투자한 전반적인 사역과 사업 그리고 교회에서의 지도력은 거의 충족되었다. 하지만 과거를 되돌아볼수록 나는 무언가 놓쳤음을 깨달았다. 내 성공의 기준은 나를 노예의 삶에서 구원하시고 하나님의 자녀들이 누리는 자유와 은혜, 완전한 평안함이 아니라 어느새 현대문화를 얼마나 받아들이는가에 달려 있었다. 사역 현장에서 얼마나 내 능력을 활용하여 여러 영역에 탁월한 기술과 재능으로 사역하는가와 드러난 문제를 성공적으로 해결했는가로 만족을 느꼈다.

사실 내 문제는 믿음의 여정을 시작한 젊은이들이 자연스럽게 겪는 문제다. "하나님 나라의 확장"을 위한 내 동기는 순수했고 목표도 분명했지만 삶과 예배 인도 사역, 새로운 것을 창출하는 일에서 가장 중요한 것을 놓쳤다. 내 개인적 성취와 더 깊은 삶의 목적을 찾는 돌파구는 다른 사람을 멘토링 하는 것이었다.

전환점

이 시대의 성공 개념은 이전과 아주 다르다. 예전에는 그저 열심히 하는 것이 성공이었지만 지금은 더 많은 업적과 끝없는 노력을 성공이라고 생각하지 않는다. 나에게 성취란 성숙함과 끝없는 배움, 현실에 적응하는 능력 또는 이 모든 것을 잘 조합하는 것이다. 현재 내 사역의 성취는 내가 멘토로서 영향을 끼친 사람들의 성숙을 보는 것이다. 나는 젊고 야심 찬 인도자들과 음악가들을 내 사역의 경험과 지혜를 빌려 쓰는 사람들이라고 보지 않으며, 나를 찾는 사람들을 얼마든지 이용할 나만의 작은 왕국이라고도 생각하지 않는다. 그저 이들을 즐겁게 돕는 것이 내 헌신으로 하나님 나라가 확장하는 더 큰 부르심이라고 생각한다.

나는 지금 내가 하는 제자 사역과 멘토링 사역이 이전의 어떤 화려한 사역보다 크고 중요한 사명이라고 생각한다. 나는 나를 찾는 젊은 사람들을 품고 젊은 지도자들의 잠재력을 꽃피우도록 내 삶을 기쁨으로 투자한다. 내 소원은 내 삶이 은사와 재능을 겸비한 젊은 지도자들이 하나님께서 주신 부르심을 개척하며 나아가는 연료가 되는 것이다. 비록 멘토링은 내 시간과 관심과 열정을 비롯한 많은 것을 요구하지만 내 모든 것을 쏟아부을 충분한 가치가 있다고 생각한다. 나는 선택된 몇몇 젊은 지도자에게 멘토링으로 남긴 내 "지문"이 다가올 세대에게 선한 영향력을 끼칠 것이라고 믿는다.

내 멘토링 방법

멘토링은 다양한 이해와 접근 방법이 있다. 나는 지난 수년간 멘토링으로 좋은 열매를 거두면서 몇 가지 공통점을 발견했다. 최고의 멘토링은 호의적이며 편안한 분위기에서 일어난다. 멘토링은 대부분 예상치 못한 상황에서 하나님의 인도하심으로 이루어진다. 누군가에게 무언가를 배우고 싶다고 해서 멘토링이 되는 것은 아니며 자연스럽게 이루어진다. 장기적인 멘토링은 반드시 멘토와 멘티가 서로 성실해야 하며 깊이 알아 가야 한다. 그리고 결국에는 서로 풍성함을 남긴다.

진정한 멘토링 관계는 서로 진실을 말하고 칭찬하며 격려하고 인내하며 서로 상처받기 쉬운 연약한 부분에 관심을 둔다. 멘토링 관계에서 "위대한 배움"은 평상시의 삶에서 일어난다. 멘토링에서 중요한 것은 일관성을 유지하는 것이다. 멘토링은 일상의 반복적인 교차점이 있다. 교차점은 일, 관계, 습관, 제자도, 꿈, 실망, 영적 성장, 예술적 성장, 재정과 이 모든 것의 균형을 이루는 삶의 많은 영역을 포함한다. 내 세 아들은 내가 가장 큰 책임감으로 멘토링 하는 대상이며 다른 몇몇 사람은 잠시 일정 기간 우리 집에 함께 머물면서 함께 식사하고 티브이를 보며 정원을 손질하면서 일상을 같이 보낸다. 그 외 몇몇 사람은 나와 장거리 멘토링 관계를 유지한다.

지난 시간을 되돌아보면 내 멘토링으로 얻은 열매는 거의 좋았고 내가 멘토링한 많은 사람이 삶과 사역에서 성공했지만 안타깝게도 소수는 넘어지고 실패했다. 어쩌면 당신이 이 책의 여러 장을 읽으면서 약간은 모순된 부분을 찾을지도 모른다. 이유는 단순하다. 멘토링에 정답은 없기 때문이다. 솔직히 내가 이 글을 5년 후에 다시 쓰면 지금과 또 다른 내용을 언급하리라 생각한다. 나는 지금까지 멘토링 여정을 돌아보면서 멘토링 사역에 필요한 11가지 태도를 발견했다.

효과적인 멘토링을 위한 11가지 태도

1. 자신감을 가져라 : 만일 당신이 다른 사람에게 줄 것이 없다고 느낀다면 당신의 나이와 경험만으로도 충분한 멘토링 자격이 있다는 것을 깨달아야 한다. 당신이 사람들을 좋아하고 자기보다 다른 사람의 유익을 더 생각한다면 당신은 멘토

링 받는 이들의 성장 과정을 도와줄 상담과 통찰력, 지혜를 제공할 겸손한 마음이 있다는 의미다.

2. 일관되라 : 당신의 수많은 정보와 경험을 최고의 해결책이라고 주장하며 상대방을 파묻을 기세로 해답을 퍼부으며 무조건 시키는 대로 하라고 윽박지르는 것은 좋은 멘토링이 아니다. 나는 라이언을 "포화(飽和) 학습자"라고 부른다. 라이언은 이미 영리하고 재능 있으며 이해력도 좋다. 라이언은 정규 교육은 못 받았지만 좋은 인생 경험과 양질의 가정교육과 탐구심 가득한 마음으로 이미 많은 것을 배웠다. 이런 라이언에게 내가 무언가를 더 가르치려 하는 것은 비효율적인 방식이다. 라이언은 아주 작은 경험에서 많은 것을 배우기 때문에 내가 함께하는 것만으로도 내 영향력으로 흠뻑 젖는다. 멘토의 꾸준하고 한결같은 생각과 일관된 모습이 멘티의 마음과 생각에 깊이 스며드는 멘토링을 가능하게 한다.

3. 쉽게 다가오게 하라 : 멘티가 당신에게 쉽게 다가오도록 하라. 멘티 혹은 예비 멘티가 당신에게 멘토링 받기를 원한다고 가정하고 충분한 대화를 위한 기회와 장소를 확보하라. 이런 "깊은 대화"는 당신과 멘티가 만날 때마다 조금씩 다를 것이다. 충분한 시간은 일을 자연스럽게 만들고 중요성을 높이면서 초자연적인 일이 일어날 기초가 된다. 멘티들은 깊은

대화를 위한 충분한 시간으로 좋은 공간에서 당신과 함께하면서 때때로 마음의 짐을 덜고 어떤 때는 예상하지 못한 "아하"의 깨달음을 얻는 순간을 경험하며 영혼의 변화를 일으키는 중요한 대화를 경험한다. 멘토는 멘티와의 시간을 방해하는 것을 제거해야 한다.

멘티의 변화는 철이 철을 날카롭게 하듯 작은 변화가 반복되면서 일어난다. 멘티에게 가장 필요한 것이 무엇인지 파악하고 언제, 어떻게 제시할지 아는 세심함은 멘토링에 큰 변화를 일으킨다. 멘티가 목말라하는 영역이 무엇인가? 멘티가 현재 직면한 문제는 무엇인가? 감사하게도 라이언과 모니카는 그 후 오렌지카운티로 잘 이사했다. 라이언은 하나님의 조율 속에서 우리 켈소 가와 "한 가족"이 된 후 내가 섬기는 마운틴 뷰 교회의 전임 예배 목사가 되었으며 안정감 있는 편안한 삶 속에서 좋은 아버지가 될 준비를 하고 있다. 라이언이 남편이자 아버지요, 성공적인 예배 목사가 된 후 매우 바빠지면서, 멘토링에 많은 변화가 생겼다. 요즘 우리의 멘토링 시간과 횟수는 줄었지만 여전히 나와 라이언의 멘토링은 중요하다.

4. 분별력을 가져라 : 나는 멘티와의 약속 시간 전에 하나님께 영적인 분별력과 지혜를 구하는 기도를 하면서 겸손한 태도로 멘티를 깊이 사랑하며 그들의 삶을 정확하게 보는 능력을 달라고 구한다. 그리고 멘티를 만날 때 그들의 겉으로 드

러나는 모습과 말 뒤에 감추어진 진짜를 분별하는 데 집중한다. 그리고 나는 내 역할을 멘티가 어떤 일을 하도록 활성화하는 사람ACTIVATOR이 될지, 또는 그냥 들어주며 응답하는 사람RESPONDER이 될지 결정한다. 나는 라이언을 만날 때 그의 마음이 뜨거운지 차가운지 바로 알 수 있다. 감정을 잘 이해하는 멘토는 멘티와의 첫 대화 30초 안에 상황을 읽고 대처할 수 있다. 멘티가 스스로 속마음을 털어놓게 할 것인가? 아니면 질문으로 자극할 것인가? 내 멘토링 비법은 멘티가 가장 염려하는 것을 찾아서 깊이 공감하며 위로하고 가능하다면 그 염려의 해결책을 제시하는 것이다.

5. 상황을 파악하라 : 기본적으로 멘티들은 도움받고 싶은 갈망을 멘토링이라는 적극성으로 증명했다. 멘티가 멘토링을 원하지 않으면 진행할 수 없다. 내가 처음 라이언을 만났을 때 그는 자기보다 더 먼 길을 걸어간 사람과 친구가 되어 도움을 받고 함께 시간을 보내고 싶은 마음이 간절했지만 그것을 멘토링으로 정의하는 것은 부담스러워했다. 라이언은 멘토링이라는 단어가 관계를 무겁게 만들고 우정을 깨트릴까 봐 걱정하면서 멘토링이 도제관계처럼 수직적이고 건조한 실험실 현미경 렌즈 아래 "연구대상"이 되는 것 같다고 느꼈다.

만일 누군가가 실제로 이렇게 경직된 구조로 멘토링을 시도하면 정말 강압적인 관계가 된다. 그래서 나는 라이언과의 초기 멘토링에서 무엇보다 먼저 자연스러운 분위기를 만들어서 라이언의 부정적인 멘토링을 다시 정의하고 우리만의 리듬을 찾는 데 집중했다. 나는 멘토링의 부정적 선입견을 제거하는데 넓은 식탁과 맛있는 음식만큼 효과적인 것은 없다고 생각한다. 청년들을 멘토링 하는 최적의 조건은 그들과 수직적 관계가 아닌 친구와 가족의 관계로 함께 만나서 일하고 봉사하는 "삶을 사는 것"이라고 믿는다. 지난 4년간 라이언과의 멘토링으로 우리는 더 깊은 상호 존중과 상호 보완하는 긍정적인 멘토링 관계로 무르익었다. 당신이 꼭 기억해야 할 것은, 언제 멘토링을 시작하고 언제 멘토링을 끝내야 하는지 아는 것이다.

6. 멘티가 많이 질문하도록 허락하고 멘티에게 많이 질문하라 : 좋은 멘티는 좋은 질문을 하며 좋은 멘토는 멘티의 질문을 불편해하지 않는다. 멘티가 왕성한 호기심으로 질문할 때 성장과 성숙의 기회를 얻는 것이다. 멘티가 질문하면 즉시 해결책을 제시하고 싶은 마음을 제어하는 것도 멘토링 능력이다. 멘티의 질문을 받고 한 박자 여유를 두고 가벼운 질문을 하면서 깊이 있는 대화로 이끌어가라. 멘티의 질문에 숨겨진 동기를 찾아서 질문하라. 이런 접근법은 훌륭한 대화의 물꼬를 트고 혁신적인 발견과 돌파구를 열어 준다. 질문의 긴장감을 없애려고 빨리 답하고 싶은 유혹을 물리쳐라. 내면

가장 깊은 곳에서 일어나는 결심은 짧은 순간에 생기지 않으며 어느 정도 시간이 필요하다.

7. 상호 우호적인 태도를 보여라 : 멘티에게 당신의 개인적인 공간을 개방하라. 최고의 멘토링은 가끔씩 멘티가 당신의 공적인 시간 외에 개인적인 삶에 함께할 때 일어난다. 라이언은 나에게 최고의 멘토링은 규칙적인 모임이 아니라 일상을 같이 할 때 일어난다고 말했다. 하지만 이 말은 곧 멘티가 당신의 불완전한 모습이나 때로는 실패도 볼 수 있다는 것을 명심하라.

8. 약점을 숨기지 말라 : 당신이 인생의 어느 지점에서 죄나 혹은 사람과 어떻게 싸웠는지, 혹은 어떤 문제로 어떻게 실패했는지 멘티와 솔직하게 나눠라. 때로는 과거의 실패에 어떻게 대처했는지가 과거의 성공보다 더 큰 깨달음을 줄 때가 많다. 만약 당신과 멘티가 안정적인 지점에만 머무르면 멘토링 관계는 깊어지지 못하고 점점 얕아지면서 결국 실망과 아쉬움으로 가득 찰지 모른다. 나는 내 인생의 커튼을 열고 실패와 넘어짐을 보여줄 때만큼 멘티들이 주의를 기울이는 것을 본 적이 없다. 기억할 것은 당신의 지난 이야기보다 지금 겪는 문제를 어떻게 다루는지 보여줄 때 멘티들이 더 많은 것을 깨닫는다는 점이다.

9. 담대하라 : 멘티들이 반드시 알아야 할 것을 발견했다면 주저하지 말고 불러내라. 멘토가 멘티와 평상시에 인격적인 신뢰를 쌓으면 교정을 하거나 가르침을 줄 때 큰 도움이 된다. 되도록 멘티를 향해 판단과 정죄하는 어투를 피하고 긍정적이고 진정한 애정이 담긴 말투로 대하라. 그러면 멘티들은 충분한 관심과 사랑을 보여준 당신에게 감사를 표현할 것이다.

10. 세워주는 사람이 되라 : 멘토의 공적, 사적 격려는 멘티의 마음에 큰 감동을 준다. 멘토의 말과 행동은 아이에게 아버지 역할을 하는 것처럼 멘티의 건강한 자아상에 중요하다. 멘토는 멘티가 성장하는 과정에서 멘티가 성취할 것과 기대하는 것을 말해줘야 한다. 또 격려보다 중요한 것은 멘티의 현재 신앙을 도전하는 것이다. 멘티가 머무르거나 주저앉지 말고 계속 배우고 성장하도록 도전해야 한다. 멘티가 "끝내주게 잘했을 때"는 크게 축하하고 멘티가 실패했을 때는 실패를 용납하고 실패의 원인을 분석하라. 중요한 것은 멘티가 혼자서도 잘할 수 있다는 것을 깨닫고 다시 도전하도록 격려하는 것이다.

몇 년 전, 전국의 교회 학교 학생 예배 인도자를 위한 행사를 진행할 때 라이언을 초청해서 일할 기회를 주었다. 라이언은 맡은 일을 해내는 경험과 기술에 타고난 소질이 있었다. 나는 라이언이 일하는 과정에서 교회 관계자뿐만 아니라 상대해야 할 많은 예배 인도 지원자와 좋은 관계를 맺었을 때 진심으로 기뻐하며 칭찬하고 세워주었다. 멘토링은 라이언이 혼자서도 잘하도록 만들었다. 나는 라이언을 가르칠 뿐 아니라 실제로 설 자리를 만들어 기회를 주었으면 라이언은 맡은 일을 성공적으로 완수했다.

11. 배우는 사람이 되라 : 사실 나는 10번을 정말 좋아해서 딱 10번까지 하고 싶었지만, 이 11번은 절대 놓치면 안 되는 중요한 부분이라 언급하려 한다. 모든 멘토링에서 역방향 멘토링이 일어난다. 역방향 멘토링이란 멘토가 멘티에게 배우는 것이다. 나는 내 멘티를 가르치는 것보다 그들에게 배우는 것이 더 많기 때문에 멘토링 관계에서 많은 혜택을 얻으며 이것이 멘토의 특권이기도 하다. 나는 내가 멘토링 하는 멘티에게 배우는 것이 정말 즐겁다. 라이언처럼 좋은 멘티와의 우호적인 관계는 나를 더 좋은 사람으로 만들기 때문에 멘티에게 새로운 관점과 최신 세계관, 새로운 소통 방법, 영적인 관점과 사회 동향, 기술과 예술을 배우기 위해 열린 마음을 가지려고 노력한다.

잘 계획해서 오랫동안 진행한 멘토링의 혜택은 다 측량할 수 없다. 나는 멘토링 관계로 라이언과 다른 이들이 성장함에 따라 나의 아들을 포함한 다른 이들에게 흘러가는 멘토링의 선한 영향력을 바라보며 오랜 시간 나의 인생을 멘토링에 투자한 것이 전혀 아깝지 않다고 확신한다.

나는 최근에 우리 교회에서 예배를 인도한 내 19살 된 아들을 보면서 멘토링의 결과를 보았다. 청소년 주일이라 자연스럽게 청소년 밴드가 예배를 인도할 때 브라이슨 옆에 든든히 서서 가끔 드럼 연주자에게 사인을 주며 겸손히 연주하고 기도하던 라이언의 모습을 잊지 못한다. 라이언은 예배 인도자 인턴 과정 중인 내 아들의 성장을 진심으로 기뻐했다. 그들은 정말 끝내주게 대단했다! 이것이 멘토링의 행복이다!

나는 내가 지금까지 성취한 사역 때문이 아니라 앞으로 다가올 날 때문에 행복하다. 멘토링으로 하나님이 나에게 인도한 사람들이 내 최고의 유산이라는 것이 정말 감격스럽고 가슴 벅차다. 바라건대 내가 멘토링 한 멘티들도 꼭 다가올 세대를 멘토링해서 자신의 지장^{THUMB PRINTS}을 남기기를 기도한다. 그리고 여러분도 멘토링으로 다른 누군가를 세워주기를 기도한다.

몬티 켈소는 미국 전역에서 인정받는 현대 예배의 코치이며 슬링샷 그룹[SLINGSHOTGROUP.ORG]의 회장이다. 수십 년 간 지역교회를 섬긴 경험과 탄탄한 기업가 정신, 강력한 친화력을 지닌 전문인으로 사람들에게 감동을 주는 활동적인 인물이다.

몬티 켈소의 영향으로 많은 아티스트와 인도자들이 지역사회에서 문화적으로 좋은 명성을 얻었으며 예배 사역의 새로운 단계로 들어갔다. 몬티와 아내 크리스타는 캘리포니아 다나포인트에 산다.

2장

부르심과 성품

THE SINGER AND THE SONG

쉐리 월터스

제시[JESSIE]는 기독교 대학을 졸업하고 새 사역과 교회를 찾아 새로운 주로 이사했다. 몇 달간 새 교회에서 인턴으로 열심히 사역했지만 몇 개월 후 섬기던 교회가 다른 교회와 합병되면서 제시의 상황이 완전히 달라졌다. 경험도 부족하고 확신도 없던 제시는 짐을 싸서 고향으로 다시 돌아갈까도 고민했지만 대신 인근교회의 여자 목사님을 찾아가 멘토링을 요청했다. 3년 후, 제시는 그 교회에서 매우 성공적으로 사역하면서 목사님의 후임으로 교육받을 만큼 성장했다. 멘토링은 제시의 인생에서 떠남과 머무름 사이에 큰 영향을 미쳤다. "사역의 번성 : 젊은 사역자들이 직면한 도전에 맞서기"라는 책에서 벤 카우프만[BEN KAUFMAN]박사는 멘토가 젊은 지도자를 돕는 방법을 나열했다.

- 시기적절하게 힘을 북돋아 주는 조언
- 필요한 자원을 전달하거나 연결하는 가교역할
- 지도자에게 도전을 주는 기대치를 설정하고 모델링하기
- 관점을 열어 주는 정보를 제공
- 회중의 신뢰를 높이기 위해 함께 사역하기

제시를 멘토한 캐럴CAROL 목사는 시간을 정해서 제시를 정기적으로 만나는 방법으로 멘토링했다. 제시는 캐럴 목사가 지정한 책을 읽고 같이 토론하거나 제시가 처한 상황의 특정한 문제를 해결하거나 사역 원칙을 나누며 같이 기도했다. 유능하고 신중한 멘토는 멘티의 부르심을 전적으로 지지하면서 바르게 사역하도록 돕고 필요할 때는 방향을 수정하도록 제안한다. 종종 하나님은 우리 삶에 아무 영향력이 없는 "우연한 멘토"들도 사용하시지만 가장 좋은 것은 제시와 캐럴 목사처럼 확실하게 맺어진 상호 관계로 서로의 삶에 실제 유익을 주는 멘토링을 하는 것이다. 최고의 멘토링 관계는 확실하고 의미 있는 관계와 좋은 내용으로 이루어진다.

나는 제시와 캐럴 목사의 이야기를 들으면서 내 삶의 첫 번째 멘토는 내 부모님이라는 것을 깨달았다. 어머니는 목회자 자녀로서 어린 시절에 항상 피아노 의자에 앉아 음악과 예배 사역을 위한 작곡, 편곡, 예행연습, 반주, 지휘, 음악 제작, 장례식이나 결혼식 반주, 음악 선교 여행 같은 교회 음악의 모든 것을 다루었다.

나는 음악의 모든 세부사항을 잘 알았던 어머니에게 많은 것을 배웠다. 또 자라면서 어머니의 음악 실력뿐만 아니라 성실함과 상호 존중이라는 가치도 배웠다. 어머니와 아버지에게 바른 태도와 언어를 배웠으며 혼자 모든 일을 처리하는 것보다 함께 사역하는 것이 중요하다는 것을 배웠다. 나는 부모님께 정말 중요한 것을 배웠다고 생각한다.

나는 현재 예배 인도자들과 음악 연습생들의 멘토로서 예배 곡목 구성하기, 회중 예배 인도하기, 사역 일정 조절하기, 곡과 곡을 연결하기, 곡 분위기에 맞는 악기 선택하기 같은 것을 가르친다. 이런 과목이 예배를 위해 중요하지만 이것만으로 예배가 완성될 수 없다. 처음에는 예배의 음악과 기술적 요소가 눈에 더 크게 들어오지만 시간이 지날수록 분명한 부르심, 좋은 성품, 바른 태도, 건강한 영성 관리라는 요소가 더 중요하다는 것을 깨달았다. 음악과 기술의 영역은 좋은 노래와 같다. 하지만 아무리 좋은 노래도 잘 부를 수 있는 싱어가 없다면 의미가 없는 것처럼 아무리 좋은 재주와 기술이 있어도 인격과 영성이 받쳐주지 못하면 의미가 없다. 노래는 싱어의 마음과 영혼에서 흘러나오기 때문에 나는 멘토링을 할 때 예배의 음악적 요소보다 영성과 인격을 멘토링 하는 데 더 많이 집중한다.

부르심과 정체성

내 친구 레베카[REBECCA]는 병든 어머니를 병간호하려고 잠시 전임 사역을 내려놓았다. 레베카는 창의적이고 업무 지향적인 성취형 인물이지만 사역을 내려놓고 아무 직위도 없이, 월급도 없이 좁은 병실에서 어머니를 돌보면서 자신의 가치와 정체성을 놓고 사투를 벌였다. 이 사투에서 레베카는 자기 정체성을 일의 양과 성과로 정의했다는 사실을 깨달았다. 멘토로서 내가 멘티에게 하는 두 가지 질문은 이렇다.

1. "당신이 누구인지 어떻게 아는가?"
2. "하나님께서 당신을 부르신 소명이 무엇인가?"

이 질문에 아주 구체적이고 세세하게 대답하지 못해도 자기의 정체성과 부르심에 분명한 확신이 있어야 한다. 사실 정체성은 부르심과 아주 밀접하지만 항상 같지는 않다. 예를 들어서 나는 종종 나 자신을 "음악 사역자" 혹은 "예배 목사" 또는 "부목사"라고 부르는데, 어떻게 부르든 간에 이것은 직책이지 정체성이 아니다. 직책이 정체성의 전부가 아니라는 관점이 얼마나 많은 것을 바꿀까? 사실 꽤 많은 것을 바꾼다. 당신의 직책을 대체하거나 보강하려고 새 부목사가 오거나 레베카처럼 예상치 못한 환경이 닥치는 상황을 생각해 보자. 당신의 정체성이 당신의 직책에 있다면 변화하는 환경에서 당신은 누구인가? 부목사 역할을 할 수 없을 때 당신은 누구인가? 예배를 인도할 수 없을 때 당신은 누구인가? 답은 이것이다.

"예수 그리스도를 믿는 사람들의 참된 정체성은 하나님의 말씀에 뿌리내린다."

- 나는 주님이 창조하신 하나님의 자녀이다. (시 139:13~16; 요일 3:1)
- 나는 예수님의 친구이며 유업을 받을 자녀이다. (요 15:14~16; 갈 4:7)
- 나는 하나님이 주신 정체성과 부르심이 있다. (엡 1:11~14)

내 정체성은 내가 하나님을 위해 하는 일과 역할이 아니라 하나님 안에서 내가 누구인지를 아는 것이며 내 역할이 무엇이든 상관없이 내가 가치 있는 이유는 하나님께서 나를 가치 있게 여기시고 하나님의 기쁨과 목적을 위해 창조하셨기 때문이다. 나는 이것이 멘토링의 기초라고 생각한다. 우리가 하나님의 말씀으로 정체성을 바르게 세울 때 비로소 하나님이 부르신 곳이 어디든 순종하며 성장할 수 있다. 나는 몇 차례 소명 - 부르심을 향한 도전을 받았다.

어느 날 한 믿음 좋은 여성이 내 남편에게 이렇게 말했다. "목사님, 하나님께서 말씀하시길 사모님이 여성 모임을 이끄셔야 한다고 합니다." 남편은 이렇게 대답했다 "흠, 하나님께서 제 아내에게 직접 말씀하시면 아내는 반드시 순종할 거라고 확신합니다." 정말 멋진 대답 아닌가? 내가 남편을 사랑하는 여러 이유 중 하나다. 나는 그 신실한 여성이 권면한 것처럼 많은 좋은 일을 할 수 있지만 하나님은 내가 그중에서 가장 좋은 일을 구별하는 분별력을 주셨다. 삶과 사역이 흔들릴 때, 내 마음은 힘든 상황을 벗어나고 싶지만 하나님은 나를 소명이 있는 곳에 머물도록 붙드신다. 하나님의 소명은 우리가 힘든 순간에도 옳은 것을 분별하고 견디도록 붙드시며 도우신다.

하나님이 주신 소명은 점점 발전한다. 예배 사역의 소명을 받았다고 예배 사역만 한다는 의미는 아니다. 나는 하나님의 소명에 "절대 안 돼!"라고 하는 것은 지혜롭지 못한 행동임을 배웠다. 예전에 나는 깊이 생각하지 않고 충동적으로 이런 말을 했다. "맞아, 나는 예배 사역에 부름을 받았으니까 절대로 '다른 무엇만큼은' 하지 않을 거야." 하지만 나는 결국 유아부 예배 인도, 학생 사역, 새신자 사역, 주일 아침 설교 등 내가 절대 하지 않겠다고 한 모든 일을 다 했다. 하나님의 소명은 내가 하고 싶은 것만 골라서 하는 것이 아니다. 또 몇 년 전 나는 더 깊은 믿음을 위해 "자격 있음^{LICENSED}"에서 "임명 받음^{ORDAINED}"의 단계로 전진하면서 "그래도 교단의 장로나 자문위원은 하기 싫어"라고 말했지만, 역시 나는 내가 하지 않겠다고 한 일을 해야 했다.

하나님의 음성 듣기를 배우면 사람들의 기대에 휩쓸려 다니지 않고 하나님의 인도하심을 따라 살 수 있다. 특히 하나님이 우리를 새로운 분야로 부르실 때 하나님의 음성이 매우 중요하다. 하나님과 동행하다 보면 하나님은 종종 나를 나만의 안전지대에서 나오도록 불러내실 때가 있는데, 나는 이럴 때마다 다니엘서에 나오는 것처럼 보이지 않는 손이 벽에 커다란 글씨를 써주기를 얼마나 바랐는지 모른다. 하지만 하나님은 순식간에 뜻을 알려주시기보다 오랜 시간 차근차근 세밀하게 공을 들이듯 인도하셨다. 하나님의 점진적인 격려가 "아, 이것이 하나님의 말씀, 하나님의 뜻이구나."라는 확신을 주시고 후에 순종할 때가 온다.

멘토는 이런 삶의 교훈을 젊은 지도자들과 공유해야 한다. 물론 젊은 지도자 스스로 하나님의 음성 듣기를 체험하면서 배워야 하지만 멘토의 풍부한 경험은 젊은 지도자들에게 큰 도움이 된다. 이것은 유명한 C.S 루이스의 말과 비슷한 점이 있다. "우정은 한 사람이 다른 사람에게 '당신도요? 나처럼 생각하는 사람이 없을 줄 알았어요! 라고 말하는 순간에 생긴다.'"[1] 내가 겪는 것을 똑같이 겪은 사람을 만나는 것이 얼마나 큰 위안인지! 친절하게 힘을 북돋아 주는 멘토가 바로 그런 사람이다.

부르심 - 영성훈련

나는 사역자 부모님 아래에서 매일 기도하고 성경을 읽는 기초 영성 훈련을 받으며 성장했다. 지금 생각하면 어릴 때부터 이런 영성 훈련을 받은 것이 정말 감사하다. 기도와 성경 읽기는 현대 그리스도인의 핵심 가치이다. 우리는 기도와 성경 읽기를 제자도의 한 부분으로 영성 훈련이라고 부른다. 또 나는 초대 교회 때부터 지금까지 기록된 좋은 영성 훈련 서적에서 많은 멘토를 만났다. 영성가들은 때로 위대한 사상가요 탁월한 신학자였으며

---

1. 4 가지 사랑, C.S. 루이스s, 홍성사, 2005

무명의 순례자와 영감 넘치는 시인이며 때로는 깊이 있는 신비주의자들이었다. 이들의 책으로 나는 이들이 직접 지나온 검증된 길을 발견하며 내 영적 어휘와 이해력을 풍부하게 만들었고 힘들 때는 인내와 용기를 얻었다.

릭 워렌^{RICK WARREN}은 "25/25/25/25"라는 읽기 프로그램을 추천하면서 젊은 목사들이 "교회사의 첫 500년간의 기록 25%와 1500년에서 종교개혁까지의 기록 25%, 지난 500년의 기록 25%와 지난 100년 안의 기록 25%"로 나누어 읽기를 권장하면서 이렇게 말했다. "당신이 현대의 이야기만 읽으면 다른 사람보다 더 나을 것이 없다. 왜냐하면 모든 지혜는 시대를 걸쳐 흐르기 때문이다."[2]

내 과거를 돌아보면 젊음에는 어느 정도 "자연스러운 교만"이 녹아 있는 것 같다. 내가 대학에서 음악을 전공할 때 다른 교회 성가대 지휘자와 예배 인도자를 얼마나 비판했는지 다시 생각해도 아찔하다. 당시에 나는 내가 그들보다 100배나 잘 할 수 있는 방법 10가지를 머릿속에 작성하곤 했다. 지난 30년 동안 복음주의 기독교 작가, 강연자, 컨퍼런스에서 크게 유행한 조직 관리 모델은 "새것이 더 좋다."는 관점이었다. 하지만 나는 새것이 가장 좋다는 관점에 동의하지 않는다. 문화적으로 "새것이 더 좋다"는 풍조 속에 젊은 혈기로 모든 것을 안다는 느낌은 사실 무지와 과도한 자만심에 빠진 증거다.

---

2. "A Conversation with Rick Warren," Ancient Faith Radio podcast transcript, October 11, 2013. http://www.ancientfaith.com/podcasts/lordsendme/a_conversation_with_rick_warren

고전 영성 도서를 폭넓게 읽으면 "최신 유행"이라는 허영심에 빠지는 것을 예방할 수 있다. 고전 영성 도서는 마치 밀 속의 껍질을 골라내듯 지금 유행하는 지도력이나 예배 형식, 사역 체계의 옳고 그름을 꼼꼼하게 분별하도록 도와준다. 현대의 정보량은 세계적인 수준이지만 깊이는 아주 얕고 미시적이다. 2000년 역사에서 기록된 기독교 영성가와 사상가들의 책을 읽는 것은 우리의 정보에 영성과 깊이를 더할 좋은 해결책이다. 릭 워렌은 "우리가 믿음의 거장들이 기록한 책을 읽을 때 우리의 뿌리가 깊이 내린다."[3]라고 말했다.

지도자는 깊이 있는 영적인 삶을 기반으로 사람들을 인도해야 한다. 깊은 영적인 삶을 위해 우리의 마음 밭을 가꾸려면 매일 기도하고 성경을 읽으며 수 세기에 걸친 영적 훈련의 과정과 결과인 "고전에 담긴 지식"에 마음을 열어야 한다. 감사하게도 우리가 원하면 언제든지 모든 사람이 고대의 "멘토"들을 만날 수 있다. 내가 지도하는 멘토링에 반드시 기독교 고전 읽기를 포함하는 이유는 단순하다. 내 멘티들이 내가 없어도 언제든지 바로 옆에서 도움을 얻을 멘토를 만날 수 있기 때문이다. 영적인 제자훈련과 실습은 믿음과 영적인 근육을 개발하는 좋은 습관이다. 영성 훈련은 평생의 연구 과제이다.

"예배를 인도하려면 먼저 예배자가 돼라"라는 유명한 말이 있다. 나는 젊은 예배 인도자들에게 고전 독서와 함께 반드시 개인

---

3. 앞에서 언급한 자료.

예배를 하라고 권면한다. 건반이나 기타로 새로운 곡을 쓰거나 유튜브에 올라온 예배 실황을 보고 찬양하거나 차 안에서 기쁨의 소리를 높이며 하나님의 임재를 누리는 것은 아주 좋은 개인 영성 훈련이다. 예배 인도자는 최대한 자주, 반복적으로 이런 개인 예배를 실천하면서 스스로 예배 사역의 소명을 받은 삶에 합당한 책임을 지면서 함께 예배하는 사람들에게도 예배자의 핵심 자세인 감사하는 자세로 예배하도록 도전해야 한다.[4]

부르심 - 진실함

부르심 받은 사람은 진실해야 한다. 나는 멘토링을 할 때 제일 먼저 멘티에게 성품의 문제가 없는지 파악한다. 성경은 우리에게 무엇을 요구하는가? 기독교인의 생활 방식과 사역(평신도 혹은 전임)에서 타협하면 안 되는 것은 무엇인가? 지금 시대는 도덕과 윤리가 무너졌다. 갈수록 사람은 자기중심적이며 문란하고 성경을 거부하다 못해 아예 성경을 대적하므로 멘토는 멘티가 당연히 성경적으로 살 것이라고 속단하면 안 된다.

평신도 여성 청년 인도자 다이엔은 혼전 성관계를 죄라고 생각하지 않았다. 다이엔의 어머니는 다이엔이 15살 되었을 때 세 단어로 피임법을 알려주었다. "절대-임신-하지 마." 시간이 흘러 다이엔은 이전 남편과 이혼한 후 두 아이의 엄마로서 그리스도께 마음을 드렸다. 다이엔이 신자가 된 후 새로운 사람을 만났지만

---

4. 브라더 로렌스(1605-1691)의 "하나님의 임재연습"을 읽어 보라.

이미 성관계를 한 상태였다. 청년 담당 목사님은 이 소문을 듣고 상담을 했다. 목사님의 권면대로 다이엔은 남자 친구에게 앞으로 성관계를 할 수 없다고 말하자 다이엔을 떠났다. 몇 년 후 다이엔은 우리 교회의 교인인 짐과 만나서 결혼 전까지 순결을 지키는 약속의 반지를 교환했으며 결혼 후 행복하게 살고 있다. 이 사건은 우리 모두에게 큰 교훈을 주었다. 행복한 결말이어서 얼마나 다행인지!

나는 이후로 두 번이나 예배 팀원의 성적인 문제를 처리했다. 불행히도 그들은 성경이 생활 방식의 기준이라고 생각하지 않고 결국 예배 사역뿐만 아니라 교회도 떠났다. 우리는 멘토로서 이런 삶의 문제를 회피하거나 무시하면 안 되며 성적인 문제뿐만 아니라 모든 성격과 생활 방식에 성경을 기준으로 삼도록 가르치고 인도해야 한다.

부르심 - 존중하는 태도

내 팀의 실습생으로 들어온 크리스^{CHRIS}는 나를 만나는 첫 약속 시간에 나와 탁자를 두고 마주 앉아 노트북을 열고 키보드를 두드렸다. 나는 크리스에게 부탁했다. "크리스, 노트북을 닫아 주겠어요?". 크리스는 나를 보지 않고 대답했다. "아, 걱정하지 마세요. 저는 한 번에 여러 가지를 할 수 있어요." 내 머릿속에 많은 생각이 스쳐 갔지만 다시 한번 더 단호한 목소리로 노트북을 닫고 나를 보라고 말하자 비로소 크리스가 놀란 눈으로 고개를 들었다. 이것이 나와 크리스의 첫 번째 멘토링 시간이었다.

나는 크리스와 평소에 매우 좋은 사이였기 때문에 크리스가 의도적으로 나를 무시한 것은 아니라고 생각한다. 하지만 결과적으로 크리스의 태도는 나를 존중하지 않았으며 자신을 위해 바쁜 시간을 낸 나를 무시했다. 또 크리스가 말한 "한 번에 여러 가지를 한다"라는 주장은 사실 여러 기업 연구소에서 이미 부정된 이론이다. 이후로 나는 크리스가 한 번에 여러 가지를 하는 것을 멈추고 나에게 집중하면 그에 상응하는 존중을 베풀었다. 나는 모든 인간관계의 기초가 상호존중이라고 생각한다. 상호 존중은 그리스도인에게 주어진 특별한 태도지만 안타깝게도 사역자와 회중을 막론하고 교회 안에 상호 존중의 부재가 심각하다.

"상호 간의MUTUAL"라는 단어는 양쪽 모두 서로 존중한다는 것을 의미한다. 나는 멘토로서 멘티인 크리스를 존중하기 때문에 그의 시간을 귀하게 여기고 그의 노력을 지지하면서 자기 태도에 책임 있는 어른 대 어른으로 소통하기를 바라며, 당연히 크리스도 나와 같은 태도로 나를 대하기를 기대한다. 또 나는 예배 인도자로서 정시에 연습을 시작하고 마침으로써 예배 팀원의 시간을 존중하며 예배 팀원은 미리 연습에 합당한 준비를 함으로써 내 시간을 존중한다.

나는 젊은 예배 인도자에게 직접 예행연습을 인도할 기회를 주고 좋은 태도로 이끌어 가는 방법을 찾도록 가르친다. 당신은 예행연습을 어떤 분위기로 인도하는가? 언제 큰소리가 터질지 모르는 긴장감이 흐르는가 아니면 깊은 동료 의식과 분명한 부르심을 공유하는 친밀한 분위기인가? 혹은 팀원이 질문하거나 당신과 다른 의견을 내는 것을 두려워하는가? 팀원에게 명령하는가 아니면 요청하는가? 사실 우리는 이 모든 것을 유치원에서 배웠다.

내가 상호 존중과 감사하는 분위기의 중요성을 깨달은 것은 영아메리칸스THE YOUNG AMERICANS라는 음악팀에 있을 때였다. 팀은 LA에 기반을 두고 고등학생과 대학생을 포함한 100명의 회원이 있었으며 회원들은 디즈니랜드 공연 및 앨범 녹음을 위한 순회공연에 뽑히려고 서로 경쟁했다. 처음 분위기는 경쟁으로 가득했지만 감독님은 능숙하게 서로 돕고 지지하며 감사를 표현하도록 본을 보였다. 감독님은 예행연습에서 우리 중 누군가를 지목하며 "우리에게 노래 몇 소절을 불러주세요."라고 부탁했고 모두 귀 기울여 들은 후 "정말 따뜻한 목소리군요.", "여러분, 이 맑고 분명한 목소리를 들었나요?"라고 말하며 서로의 재능을 존중하도록 가르치셨다. 간혹 팀에서 예상치 못한 논쟁이나 의견 충돌이 있을 때, 상호 존중은 더욱 중요하다. 예수님은 모두가 동의하거나 그렇지 못할 때도 최소한 서로 어떤 의견이 어떻게 다른지 이해하려고 시도하며 은밀하게 해결하라고 말씀하셨다.

너는 그 제물을 제단 앞에 놓아두고, 먼저 가서 네 형제나 자매와 화해하여라. 그런 다음에 돌아와서 제물을 드려라 (마 5:24)

15 "네 형제가 [너에게] 죄를 짓거든 가서 단 둘이 있는 자리에서 그에게 충고하여라. 그가 너의 말을 들으면 너는 그 형제를 얻은 것이다. 16 그러나 듣지 않거든 한두 사람을 더 데리고 가거라. 그가 하는 모든 말을 두세 증인의 입을 빌어서 확정지으려는 것이다. 17 그러나 그 형제가 그들의 말도 듣지 않거든, 교회에 말하여라. 교회의 말조차 듣지 않거든 그를 이방 사람이나 세리와 같이 여겨라." (마 18:15~17)

한번은 내가 감독하는 예배팀의 다재다능한 보컬리스트인 케이트^{KATE}에게 알토로 화음을 낼 수 있는지 질문했다. 케이트는 "문제없어요…"라고 대답했지만 곧 문제가 생겼다. 케이트는 예행연습 중 쉬는 시간에 다른 싱어에게 계속 낮은 음으로 알토를 담당하다 보니 목이 쉬어서 아프다고 공공연하게 불평했다. 얼마 후 케이트의 불평은 나에게 들어왔고 나는 케이트의 소통 방식이 "우회적"임을 확인한 후 다른 사람 몰래 케이트를 사무실로 불러 문을 닫고 얼굴을 마주 보며 정중한 대화로 해결했다.

성경에 나오는 방법으로 일을 해결하는데 용기가 필요하다. 그래서 많은 사람이 내면에 맹렬하게 튀는 불꽃을 억누르며 문제를 무시하며 자신을 소진하거나 혹은 문제의 당사자와 개인적으로 해결하기보다 자기를 지지하는 사람을 모아 공개적으로 비난하고 매장하는 방법을 택하기도 한다. 나는 모든 멘토가 관계의 잠재적인 갈등을 해결하는 데 신경 써야 한다고 생각한다.

우리는 모든 관계에서 마음을 지키고 하나님의 사랑을 기준으로 신실하게 반응해야 한다. 내가 몇 번이고 주장하는 핵심 가치는 어떤 일이 있어도 하나님이 우리에게 원하시는 것은 진실하게 행동하길 원하신다는 것이다. 종종 성경적으로 옳은 일을 실천하는 것이 언제나 좋은 결과를 보장하지 않는 것처럼 보일 때가 있다. 인생은 거칠고 힘들며 때로는 지저분하다. 인생의 현실은 나같이 타고난 낙천주의자에게는 굉장히 고통스러운 삶의 교훈이다. 나는 멘토로서 젊은 예배 인도자들과 지도자들에게 이렇게 단언한다 : "하나님은 진실한 사람을 칭찬하시며 성실한 사람에게 보상하신다."

성품의 중요성

혹시 "즉석 전문가$^{INSTANT\ EXPERT}$"라는 말을 들어 봤는가? 릭^{RICK}은 "즉석 전문가"의 전형적인 모습이다. 기타 개인 교습 4번 만에 음악의 모든 것을 깨우쳤다고 생각하는 사람들 말이다. 사전 연습 때 내가 릭에게 "음계를 바꿔야 해요. 사람들은 그 음계에서 노래할 수 없어요."라고 말하면 릭은 내 조언을 무려 0.5초나 '깊이' 생각하고 이렇게 대답한다. "아니요, 사람들은 노래 잘하고 있어요." 그러면 나는 다시 말한다. "아뇨 릭, 지금 몇 명만 노래하잖아요. 지금 노래하는 사람들도 당신이 연주하는 기타 음계와 달라요."

내가 볼 때 릭은 배우지 못하는 사람이다. 내가 사역하면서 릭 같은 사람 몇 명에게 느낀 점은 즉석 전문가의 가장 큰 약점이

지식이나 기술의 부족함이 아니라 학습 능력의 부족에 있다는 것이다. 즉석 전문가들은 다른 사람의 조언이나 가르침을 듣지 못한다. 하지만 내가 아는 최고의 음악가와 연주자들은 꾸준히 새로운 기술을 배우고 성장하는 사람들이었다.

내 첫 멘토였던 어머니는 복음 성가로 피아노 연주를 시작했다. 타고난 재능으로 다양한 장르와 주법에 능통한 수준급 연주자였지만 어머니는 계속해서 연습하고 새로운 것을 배우려고 하셨다. 특히 외부 강사 초청 예배 후 용기를 내서 외부 강사님에게 특별한 코드 진행이나 인상적인 반복구를 가르쳐 달라고 부탁했다. 또 야간 학교에서 클래식 오르간을 배웠으며 더 좋은 화음을 찾으려고 연주자들과 악기의 배열과 코드법을 연구했다.

배우는 능력은 실습과 연습에 달려 있다. 우리 예배팀에는 연주자 상위 40위에 드는 매우 세련되고 탁월한 연주자 부부가 있는데, 이들은 교회에서 연주하는 어떤 곡이든 즉흥적으로 소화할 뿐만 아니라 원래 곡보다 훨씬 더 좋게 만든다. 이 부부는 연습이 필요 없을 만큼 음악 실력이 탁월하지만 항상 주일 예배를 위해 미리 집에서 충분한 예행연습을 한다.

캐롤 드웩CAROL DWECK은 "성공의심리학"이라는 책에서 배움과 실력 향상에 초점을 맞추는 것의 중요성을 설명한다. 부정적인 마음가짐은 우리 내면에서 "나는 다른 탁월한 사람이 아니라 그저 있는 그대로 실력 없는 나일 뿐이며 내 지능과 재능은 절대 좋아지지 않기 때문에 다가올 도전과 실패를 최대한 피하며 사는 것이 최선이다."라고 부추긴다. 반대로 성장하는 마음가짐은 우리에게 "나는 얼마든지 변할 수 있으며 더 좋아질 것이고 지금도 더 좋아지는 과정"이라고 격려한다.[5]

나는 여러 평신도와 전문 예배 인도자들의 멘토 사역을 하면서 음악의 기술과 실력의 중요성을 강조한다. 1) 배우는 마음과 2) 연습하려는 자세와 3) 실패에서 무엇이든 배우는 사람은 더 성장하고 좋아질 것이다. 실패에 연연하지 않는 자유는 성장하는 마음가짐의 일부분이며 다음 세대에게 반드시 물려줘야 할 중요한 교훈이다.

나는 경험이 부족한 예배 인도자들에게 많은 지지와 긍정적인 확신을 심어주며 실수해도 괜찮은 편안한 환경에서 함께 예행연습을 하고 어떻게 더 연주자들과 명확히 의사소통할지, 어떻게 더 부드럽게 곡을 전환하거나 연결할지 젊은 예배 인도자들의 의견을 듣고 실수에서 배우도록 도전한다. 젊은 예배 인도자들에게 좋은 노래를 선곡하는 방법을 가르쳐주라. 예배에 사용할 곡은 주제와 음악이 서로 조화를 이루어야 하며 단지 최신곡이라는 이유로 새 노래를 선택하지 말고 성경적인 가사와 회중이 편안하게 부를 수 있는 음역인지 확인해야 한다.

마지막으로 예배 인도자로서, 그리고 예배 인도자의 멘토로서 중요한 것을 나누고 싶다. 무조건 달려가지 말고 규칙적으로 멈춰서 우리가 누구인지, 무슨 일을 하는지, 왜 하는지 돌아보는

5. 성공의 심리학, 캐롤 S. 드웩, 부글북스, 2006, reviewed in Publishers Weekly. http://www.publishersweekly.com/978-1-4000-6275-1

시간을 가져라. 우리는 바른 사역자인가? 자신도 모르게 공연하고 싶은 마음을 허락한 것은 아닌가? 서로 책임지며 함께 기도하고 존중하며 지지하는가? 깊이 있는 영적인 삶을 기반으로 예배하며 인도하는가? 멘토 혹은 예배 인도자들이여 기억하라. 확실한 부르심에서 바른 섬김이, 바른 성품에서 바른 사역이 나온다. 예수님은 이렇게 말씀하셨다 : "마음에 가득 찬 것을 입으로 말하는 법이다."(마 12:34) 그것이 소리이든 악기 연주이든 어떤 미래에 나올 곡이든 상관없이 새로운 세대가 확실한 부르심과 바른 성품으로 섬기도록 기도하자.

쉐리 월터스는 텍사스주 달라스의 *Christ For The Nations Institute*를 졸업했으며 안수 받은 목사로서 탁월한 성경 교사요 예배 인도자다.

쉐리는 국제적 기독교 언론인 크리스챠니티 투데이와 미니스트리 투데이에 100편이 넘는 칼럼과 기사를 썼으며 수십 편의 스킷 드라마 대본과 온라인 기사를 썼다.

쉐리의 책 "음악 사역자를 위한 조언"은 미국 전역의 대학에서 인턴십 프로그램의 보충 교재로 활용한다.

쉐리의 최우선 순위는 젊은 사역자들과 예배 인도자들을 멘토링 하고 격려하는 것이다. 2016년에 디스커버리 교회에 합류했다.

3장

예배 인도자 멘토링 : 과정의 중요성

MENTORING A WORSHIP LEADER : THE PROCESS

탐 크라우터

내 평생에 가장 성공적인 멘토링은 칼리 레이건스[CARLEE RAGAINS]와의 멘토링이다. 칼리는 나를 제2의 아빠라고 부르는데, 지극히 가족 중심적인 가정에서 자란 칼리가 나를 아버지라고 부르는 것은 나를 향한 칼리의 인정과 칭찬이라고 생각한다. 하지만 처음부터 칼리가 나를 제2의 아버지로 생각한 것은 아니다. 칼리를 처음 만났을 때로 돌아가 보자. 칼리는 우리 교회 부목사님의 15살 된 큰딸이다. 나는 예전부터 십 대들, 특히 십 대 여자아이들과는 교류하지 않는 개인적인 원칙이 있었다. 더 정확히 말하면 청소년은 내 부르심이 아니었기 때문에 칼리의 관심사나 재능과 은사가 무엇인지 관심도 없었다. 부목사님으로부터 어렴풋이 칼리가 피아노를 쳤다는 이야기를 들은 기억이 나는 것도 같았지만 정확하지 않았다.

어느 날 칼리의 아버지가 나에게 자기 딸이 곡을 썼는데 한 번 들어볼 수 있겠냐고 물었을 때 솔직히 말하면 칼리의 존재 자체에 관심이 없었기 때문에 당황스러웠다. 당시 나는 예배 사역의 선구자인 켄트 헨리가 만든 최초의 현대 예배 잡지 Psalmist Magazine의 편집장으로 일하면서 사람들이 보낸 수많은 곡 중에서 잡지에 수록할만한 곡을 고르는 일을 했기 때문에 곡을 보고 들으면 좋을지 나쁠지, 곡의 구조가 회중 예배에 적합할지 아닐지 한 번에 알았다. 사실 좋은 곡보다 안 좋은 곡을 훨씬 많이 들었기 때문에 안 좋은 곡은 더 잘 알았다. 내 친구인 부목사님이 딸 칼리의 곡을 가져왔을 때 내가 당황하고 주저한 이유는 칼리에게 관심이 없었기 때문이 아니라 귀여운 소녀였던 칼리에게 상처를 주기 싫었기 때문이다.

나는 거짓말을 하지 않았기 때문에 칼리의 곡이 나쁘면 솔직히 말해줘야 했다. 내 한마디에 감수성으로 가득 찬 15살 소녀의 마음을 순식간에 나락으로 떨어트릴 수 있다는 사실이 부담스러웠다. 더군다나 칼리는 내 친구의 딸이었다. 나는 고민 끝에 주일 예배 후에 부목사님과 칼리와 나 말고 다른 사람도 있을 때 칼리의 곡을 듣고 만일 안 좋다고 말하면 주변 사람들이 화가 난 칼리를 말려주지 않을까 생각하면서 주일 아침 예배 후 칼리의 곡을 직접 들어보기로 했다. 나는 아직 칼리의 노래를 듣지 않았지만 이미 칼리의 곡이 안 좋을 것이라고 결론 내렸다.

주일 아침이 되어 나는 마음을 단단히 먹고 칼리의 연주를 들었다. 칼리는 다소 긴장했지만 직접 피아노를 연주하며 떨리는 목소리로 짧은 노래를 두세 번 불렀다. 노래는 다소 실험적이었지만 연주와 선율이 아주 잘 어울렸다. 나는 어느새 내가 칼리의 노래를 즐기고 있다는 사실에 충격을 받았다. 노래가 끝나고 내 첫 반응은 "정말 그 곡을 네가 썼니? 아주 좋구나."였다. 물론 칼리의 노래는 내가 그때까지 들은 곡 중에 최고의 곡은 아니었지만 15살 소녀의 첫 번째 도전으로는 기대 이상이었다. 칼리의 곡은 몇 년간 우리 교회에서 예배 곡으로 쓰였다.

나는 칼리의 노래뿐만 아니라 숨겨진 재능과 은사를 파악했다. 칼리의 피아노 연주는 매우 감각적이었고 목소리도 잠재력이 있었다. 칼리가 쓴 곡의 가사가 칼리의 마음이 얼마나 정직하고 순수한지 증명했다. 나는 칼리가 우리 교회의 예배 사역에 꼭 필요하다고 생각했다. 이것이 20년 전의 일이다. 지금 칼리는 처음 섬기기 시작한 교회보다 15배나 더 큰 교회에서 예배를 인도하고 있다. 칼리는 정말 재능 있는 예배 인도자가 되었다.

지도자의 역할

내 예배 인도자의 부르심에서 가장 큰 부분은 다른 사람을 훈련하는 것이다. 바울은 에베소서에서 우리에게 교회 지도력의 목표는 "성도를 온전하게 하며(혹은 준비시켜서)(엡 4:12)"라고 했다. 내가 지도자라는 이유로 혼자 모든 일을 한다면 나는 부르심의 초점을 놓친 것이다. 내 일은 내가 얼마나 재능 있고 유능한 지도자인지 다른 사람에게 증명하는 것이 아니며 성도들이 섬기도록 돕는 것이다. 나는 예배 인도자로서 다른 사람들이 예배 인도를 잘하도록 멘토링 하고 훈련하는 일을 한다.

내 역할을 정확히 알면 "지도자는 무엇을 해야 하는가?"라는 질문에서 벗어난다. 나는 내가 무엇을 해야 할지 안다. 나는 다른 이들을 훈련하는 사람이다. 이제 내 질문은 "무엇을 해야 하는가"에서 "누구를 훈련할 것인가"라는 질문으로 바뀐다. 이 질문은 내가 사람이 보는 것처럼 보지 않고 하나님의 관점으로 보도록 도전한다. 사람을 볼 때 단지 겉모습만 아니라 주님께서 주신 잠재력을 봐야 하는 데 이것은 내 힘으로 할 수 없으며 하나님께서 주시는 지혜가 필요하다. 하나님의 마음과 계획을 품지 못한 관점은 때때로 위험하다.

하나님은 나에게 칼리의 예배 잠재력을 보여 주셨다. 아직 드러나지 않은 칼리의 재능을 알아본 것은 나에게도 무척 영광스러운 일이지만 그렇다고 내가 특별한 사람이기 때문에 칼리의 재능을 알아본 것은 아니다. 나는 그저 하나님께서 원하시는 사람들을 분별하도록 주님의 인도하심을 구했을 뿐이며 하나님께서 날 사용하셨다고 믿는다. 하나님은 내 기도의 응답으로 내 도움과 멘토링이 필요한 사람과 그 재능을 발견하게 하셨다.

칼리는 자신에게 예배의 재능이 있는 것을 전혀 몰랐다고 말했다. "누군가 나의 예배 재능을 발견하고 알려주지 않았다면 저는 이것(예배 인도)을 평생 사용하지 않았을 거예요." 칼리의 은사와 재능을 발견하고 사용하도록 더 많은 경험과 성숙한 사람이 필요했다. 내가 아니더라도 누군가가 칼리의 재능을 발견하고 돕지 않았다면 칼리는 지금처럼 사역하지 못했을 것이다.

간혹 어떤 이는 한 사람이 다른 사람의 부르심을 발견하고 순종하도록 돕는 것이 하나님의 주권을 침해한다고 말하지만 명백한 오해이며 멘토를 통해 한 사람을 세우는 것은 하나님께서 사랑하는 자녀들에게 역사하시는 일반적인 방법이다. 칼리는 부끄러움을 많이 타는 성격 때문에 많은 사람 앞에 서는 것을 싫어했고 스스로 예배 인도라는 부담스러운 역할을 하고 싶지 않다고 생각했지만 지금은 탁월한 예배 인도자가 되었다.

체계적인 훈련과정

지금도 여전히 칼리는 영적으로 부족하다고 말하지만 주변 사람들은 칼리가 이전보다 훨씬 더 성장했다고 말한다. 칼리는 하나님께 받은 은사로 하나님께 영광 돌리기 위해 최선을 다해야 한다고 믿고 시간을 투자해서 필요한 것을 배웠다. 음악 이론과 발성과 연주법을 열심히 배우면서 대학에서 음악 학위를 취득했고 자진해서 나와 다른 이들에게 필요한 영역의 멘토링을 받았다. 칼리는 좋은 예배 인도자가 되려고 자발적으로 시간을 드려서 꾸준히 필요한 것을 배우고 익히는 단계를 통과했다.

내 경우, 지난 여정을 돌아보면 나 스스로 예배 인도자라고 말하기 부끄러울 만큼 부족하다는 생각이 들다가도 다음날에는 믿음으로 "나는 예배 인도자입니다."라고 당당히 말하곤 했다. 내 생각에서 나는 예배 인도자가 맞지만 항상 뭔가 부족한 느낌이었다. 나는 전문적이고 체계적인 예배 인도 훈련 과정을 거치지 못했고 어떤 면에서 내 헌신은 그저 우연에 가까웠다.

하지만 칼리는 체계적으로 예배 인도자에게 필요한 방법을 훈련받았다. 칼리가 처음 우리 교회 예배팀의 건반 연주자 겸 싱어를 시작했을 때는 모든 것이 힘들다고 말했지만 시간이 흐를수록 잘 적응하며 건반 연주와 노래 실력이 발전했고 결국 중요한 예배 팀원이 되었다. 칼리에게 풍부한 잠재력이 있었기 때문에 나는 칼리가 멈추지 않고 성장하도록 계속해서 도전했다.

나는 내 멘토링을 코치 역할로 비유한다. 어떤 운동이든 코치는 선수가 일정 수준에 머물도록 내버려 두지 않는다. 코치의 역할은 운동선수를 새로운 한계에 도달할 때까지 계속 도전하는 것이다. 나는 칼리를 한계까지 도전했다. 나는 칼리가 타고난 건반 연주와 노래 실력으로 예배 인도를 할 수 있도록 계속해서 격려하고 도전했다.

예배 인도는 음악으로만 하지 않는다. 성경적인 관점에서 예배팀의 역할은 개인의 재능을 뽐내기 위함이 아니라 회중이 하나님을 예배하도록 돕는 것이므로 나는 매주 예행연습 때마다 예배팀이 먼저 하나님을 추구해야 한다고 강조했다. 예배팀이 어떤 모습으로 섬겨야 하는지 알려주면서 강단에 서지 않는 교회 밖의 삶이 회중에게 어떤 영향을 끼치는지도 같이 토론했다.

시간이 흐를수록 점점 예배팀 안에 성경적 관점이 스며들었고 칼리도 그 안에서 예배 인도자에게 맞는 삶과 태도와 조건이 무엇인지 깨달았다. 내 목표는 예배 팀에 예배 인도를 위한 성경적 기초를 놓는 것이었다. 어느 정도 시간이 흘러서 나는 칼리를 불러서 대화하며 이제 충분히 예배를 인도할 능력이 있다고 격려했다. 단지 격려만 한 것이 아니라 내가 쓴 "하나님의 손에 훈련된 예배 인도자"라는 책을 같이 보면서 구체적으로 어떻게 예배를 인도할지도 나눴다. 나는 칼리와 예배 인도를 하려면 알아야 할 중요한 것을 하나하나 같이 점검했다.

주의사항

내가 칼리를 예배 인도자로 멘토할 때쯤 칼리는 이미 귀여운 소녀가 아니라 아주 매력적인 젊은 여성이었다. 나는 칼리와의 모든 관계가 매우 솔직하고 투명해야 한다고 생각했기 때문에 지나칠 만큼 칼리에게 실수하지 않으려고 노력했다. 칼리는 우리 교회에서 성장한 유일한 예배 인도자였다. 나는 예배 사역에서만큼은 칼리가 존경하는 영웅이었기 때문에 내가 나쁜 마음만 먹으면 언제든지 나를 향한 칼리의 존경심을 이용해서 내 욕심을 채울 수 있다는 것을 알았다.

나는 칼리와 1:1로 만나지 않았으며 항상 10m 안에 나의 친구이자 칼리의 아버지인 부목사님이 있었다. 종종 만남의 장소가 작은 공간이어도 누구든지 칼리와 나를 볼 수 있는 큰 창문이 있는 곳에서 만났기 때문에 소리는 안 들려도 혹시나 부적절한 상황이 생기면 분명히 알 수 있었다. 이런 안전장치는 칼리를 위한 책임이자 나 자신을 위한 책임이었다.

만일 당신이 다른 성별을 가진 사람을 멘토링 한다면 어떤 종류의 기회도 만들면 안 된다. 혹시나 멘토와 멘티 간에 몇십 년의 나이 차가 있어 괜찮다고 생각한다면, 완전히 틀린 생각이다. 절대 어떤 조건에도 다른 성별과의 멘토링 관계는 안심하면 안 된다. 우리는 지난 시간 동안 교회에 일어난 수많은 슬픈 이야기를 안다. 굳이 그 수많은 슬픈 이야기 목록에 당신의 이름을 추가할 행동을 하지 마라. 이것은 지나친 강조가 아니며 몇 번이든 더 강조하고 싶다.

나는 칼리에게 어떤 부적절한 상상이나 은밀한 기대감도 없었으며 그런 암시나 제안을 한 적도 없다. 나는 그저 당신에게 조심, 또 조심하라고 권면한다. 왜냐하면 당신이 멘토링 하는 사람의 마음에 어떤 일이 일어날지 모르기 때문이다. 당신 자신과 멘티를 위해 매우 조심해야 한다.

또 한 가지 멘토링에서 주의할 부분은 바로 기도이다. 아무리 중요한 목표와 화려한 가치가 있어도 하나님께서 역사하지 않으면 아무 일도 일어나지 않는다. 내가 평생 배우고 갈고 닦은 모든 예배 사역의 이론과 기술을 누군가에게 쏟아부을 수는 있지만 결국 하나님께서 사람의 마음에 그것을 심지 않으면 뿌리 내릴 수 없는 땅에 떨어진 씨앗처럼 아무 일도 일어나지 않는다.

멘티들에게 예배를 가르치고 훈련하는 만큼 혹은 그보다 더 많이 그들을 위해 기도하라. 멘티들이 하나님께서 하시는 일에 마음을 열고 주님의 마음을 찾고 구하도록 기도하라. 하나님의 역사하심은 우리의 지식과 경험을 뛰어넘는다. 멘티의 마음에 하나님의 말씀이 뿌리 내려 하나님의 형상을 닮도록 기도하라. 제발 기도하라. 기도 없는 멘토링은 오래가지 못한다.

긴장 해소의 중요성

나는 칼리의 첫 주일 아침 예배 인도를 준비하면서 칼리가 더 편안한 마음으로 예배를 인도하도록 돕는 몇 가지 방법을 생각했다. 칼리가 처음 주일 예배를 인도한 나이는 17살이었고 이전에는 예배 팀원이었을 뿐이지만 예배 인도는 예배팀과 회중 전체를 인도해야 하므로 큰 부담을 느끼는 것은 지극히 정상이었다. 나는 문제가 발생할 만한 요소를 찾아 미리 제거하면 칼리가 조금이라도 쉽게 예배를 인도할 수 있을 거라는 생각에 세심하게 설계한 긴장 해소 방법을 적용했다.

나는 먼저 칼리가 직접 예배 인도를 함께 할 예배 팀을 선택하도록 허락했다. 우리 교회는 한 팀이 모든 예배를 인도하지 않고 몇 개의 팀을 나눠 교대로 예배를 섬겼기 때문에 칼리에게 선택권을 주었다. 만일, 예배팀의 누군가가 사사건건 칼리와 의견이 충돌하고 대립한다면 안 그래도 힘든 칼리의 마음이 더 힘들 것이다. 예를 들어 예배팀 악기 연주자 한 명이 유독 자존심이 센

중년 남성이라면 칼리가 소통하기에 어려운 대상이므로 칼리의 첫 예배 인도 팀원으로는 적절하지 않다. 나는 선발된 예배팀에게 칼리가 팀을 선택했다는 말은 하지 않았다. 칼리를 좋아하고 칼리도 편하게 생각하는 팀원으로 구성된 예배팀은 칼리의 걱정과 불안감을 덜어주었다.

칼리를 위한 나의 두 번째 해결책은 안전망을 제공하는 것이다. 서커스는 높은 하늘에서 줄이나 사다리를 타는 사람의 안전을 위해 아래에 튼튼한 안전망을 설치한다. 내가 칼리의 첫 주일 아침 예배 인도에 선택권을 주지 않은 유일한 팀원이 한 사람 있었다. 칼리는 무조건 이 사람과 강단에 서야 했다. 과연 누굴까? 바로 나다. 나는 보컬 마이크 없이 기타 연주자로 칼리 옆에 섰다. 나에게 배정된 마이크는 기타 사운드 홀 앞에 놓았다. 겉으로는 기타 소리를 잡는 용도처럼 보였지만 음향팀은 그 마이크를 켜지 않았다. 왜냐하면 이미 내 기타 픽업에 바로 연결된 선이 있었기 때문이다.

칼리는 내 기타 앞의 마이크가 무슨 의미인지 알았다. 만일 칼리가 예배를 인도하다 예상치 못한 상황으로 인도를 계속하기 어려울 때 언제든지 나를 돌아보면 나는 기타 앞의 마이크를 내 입까지 끌어 올려서 음향팀에게 사인을 주면 음향팀은 내가 예배를 인도하는 것으로 알고 마이크 볼륨을 조절한다. 칼리가 주저앉아서 엉엉 울 필요 없이 계속 건반을 연주하기 때문에 신도 중에 민감한 몇 명을 빼면 눈치채지 못할 만큼 자연스러운 인도자

전환을 위한 안전망이었다.

나는 칼리뿐만 아니라 내가 멘토링한 모든 사람에게 같은 안전망을 제공했으며 다행히 지금까지 한 번도 기타 앞의 마이크를 들어 올리지 않았다. 첫 예배 인도의 부담과 압박은 절대 작지 않기 때문에 언제든지 숙련된 예배 인도자가 예배를 이어갈 안전망을 미리 준비하면 신참 예배 인도자는 걱정할 필요 없이 예배 인도에 집중할 수 있다.

예배 후의 분석과 나눔

예배를 인도하는 준비만큼이나 예배가 끝난 후에 분석하는 것도 중요하다. 칼리가 처음 몇 번 예배를 인도한 후 나는 칼리와 예배가 어땠는지 같이 나누는 시간을 꼭 가졌다. 우리는 노래 선곡과 흐름, 좋았던 순간과 아쉬웠던 순간을 나누었으며 칼리에게 "다음 예배에서는 무엇을 바꿔보겠니?"라고 질문하면서 어떻게 하면 예배에서 결정적인 순간과 중요한 전환점, 작은 변화로 예배의 흐름을 더 좋게 바꿀지 나눴다. 나는 칼리가 예배의 한순간만 보는 것이 아니라 전체를 보도록 도왔다. 나는 예배 인도가 과학이 아니라 예술에 더 가깝다는 것을 인정한다. 종종 사람들은 예배는 예술이기 때문에 평가하고 분석하기보다 느껴야 한다고 말하지만 나는 지나간 예배 인도를 분석하면 분명히 배울 점이 있다고 생각한다. 최근에 칼리는 예배 인도 후 나눔에서 많은 것을 배웠다고 말했다.

나는 칼리가 예배 인도를 시작한 후 얼마 지나지 않아 칼리의 또 다른 놀라운 은사를 발견했다. 하나님이 칼리에게 즉흥적인 노래SPONTANEOUS SONGS를 부르는 능력을 주신 것이다. 어떤 사람들은 즉흥적인 노래의 특성 때문에 예언적인 노래라고 말하기도 하는데, 즉흥적인 노래는 예배의 분위기와 방향을 바꾸거나 요약하고 정의한다. 칼리는 새로운 은사를 발견한 순간을 이렇게 기억한다. "저는 어느 주일 아침 예배에서 피아노 앞에 앉아 이전에 들어본 적 없는 새로운 노래를 부른 것을 기억해요. 하지만 갑자기 머리가 어지럽고 속이 울렁거려서 앞으로 이런 노래를 부르지 말아야겠다고 주님께 고백했어요. 더군다나 노래 전체가 아니라 후렴만 생각이 났기 때문에 조금 이상하기도 했고요."

하지만 나는 칼리가 즉흥적인 노래를 부르는 은사를 개발하도록 격려하고 도전했으며 예배의 적절한 순간에 사용하는 방법을 함께 고민하고 찾으면서 숙제를 냈다. 숙제는 매주 최소 일주일에 두 번은 교회에 와서 한 시간씩 피아노 앞에 앉아 성경의 시편을 펴서 감동이 오는 대로 즉흥적으로 연주하며 새로운 선율을 만드는 것이었다. "칼리, 시편을 매번 새로운 코드 구성과 다른 멜로디를 연주하고 노래해 보렴, 이것은 작사 작곡 연습을 하는 것이 아니라 즉흥적인 노래를 개발하는 거야."

칼리는 2달 동안 내가 낸 숙제를 성실하게 실천한 결과, 예배의 중요한 순간에 새 노래를 부를 수 있었다. 나는 예배를 인도할 때 언제 칼리가 새 노래를 부를 준비가 되었는지 감동으로 알았다. 왜냐하면 칼리는 성령의 감동이 있을 때 겉으로 약간 울렁거리는 것처럼 보였기 때문이다. 그러면 나는 웃으며 마이크에서 약간 거리를 두었고 이어서 칼리가 즉흥적인 노래를 부르는 동안 강력한 성령의 역사가 나타나서 회중에게 하나님이 주시는 격려와 평안, 기쁨과 확신이 임했다. 만일 칼리가 이 은사를 개발하지 않았다면 우리는 예배의 중요한 부분을 놓쳤을 것이다.

복사본을 만들지 말라

나는 이 시점에서 예배 인도자 멘토링의 가장 중요한 부분을 나누고 싶다. 나는 칼리를 내 복사본으로 만들려 하지 않았다. 하나님은 칼리에게 고유의 독특함을 주셨기 때문에 나를 닮거나 나처럼 예배 인도할 필요가 없었다. 그저 나는 칼리가 자유롭게 예배 인도하도록 격려했다. 물론 내가 칼리를 멘토링했기 때문에 어쩔 수 없이 칼리와 내 모습에 겹치는 부분이 있다는 점은 인정한다. 중요한 것은 멘토링 과정에서 칼리를 억지로 나에게 맞추려 하지 않았다는 점이다.

나와 다른 칼리의 생각과 행동은 예배 인도에서 분명한 차이점을 보여주었다. 만일 내가 칼리의 개성을 존중하지 않고 억지로 나를 똑같이 따라 하도록 한다면 그것은 명백히 잘못된 것이다. 나는 내가 멘토링 한 모든 사람의 개성을 존중하면서 진심으로 그들이 내 복제품이 아니라 하나님이 계획하신 각자의 부르심을 따라 예배 인도자가 되기를 기도했다.

지금도 칼리가 종종 전화로 태도가 나쁘고 인도자를 따르지 않는 팀원을 어떻게 해야 할지, 지난주 예배 때 어떤 점이 좋았고 어떤 점이 아쉬웠는지 이야기할 때면 마치 칼리의 질문이 끝없이 이어질 것 같지만 늘 칼리의 질문에 귀 기울이면서 적절히 대답하려고 노력한다. 나는 이런 모습에서 부모와 자녀의 관계를 발견한다. 내 멘티들은 거의 다 스스로 할 줄 아는 성인이며 음악이나 기술적인 측면에서는 나보다 더 탁월하지만 여전히 아빠의 조언을 구하는 아이처럼 나에게 다가온다. 15살 소녀였던 칼리를 만난 지 오랜 시간이 지났고 지금은 내가 바랐던 것보다 훨씬 더 성장해서 나보다 유능한 예배 인도자이지만 칼리는 여전히 자신을 처음 멘토링 한 나와 대화를 나누고 싶어 한다.

　　칼리가 주기적으로 나에게 연락하면 나는 절대로 "지금 바빠, 나중에 전화해"라고 말하지 않는다. 오히려 가끔 내가 먼저 칼리가 어떻게 지내는지 연락한다. 나는 많은 사람을 멘토링했지만 여전히 칼리는 내 마음에 있다. 계속해서 관심을 두고 소통하는 것은 멘토링 과정의 일부분이다. 칼리 레이건스는 멘토링이 얼마나 중요한지 보여주는 훌륭한 모범이다.

　　마지막으로, 다른 사람을 멘토링 하면서 적절한 때에 멘티에게 바톤^BATON을 넘겨주는 것을 잊으면 안 된다. 우리가 멘토링 하는 멘티들은 하나님께 은사를 받았으며 다양한 방법으로 훈련받았다. 그러므로 멘티들이 멘토가 되도록 그들에게 우리의 자리를 넘겨야 한다. 예수님의 제자들도 예수님의 말씀을 즐겁게 들는 것에 그치지 않고 직접 전도하면서 더 많은 제자를 세우는 임무를 실천했다. 나는 내가 지도하고 멘토링 한 모든 멘티가 자신의 영역에서 배운 것을 실천하도록 격려했다. 내가 멘토링 하는 이유는 내가 훈련한 사람들이 가서 더 많은 사람을 세우는 것이다. 여러분도 마찬가지다. 여러분이 다른 사람을 조언하고 멘토링 하는 이유는 그들도 다른 사람을 멘토링 하는 것이며 이것이 하나님 나라가 역사하는 방식이다. 이번 장에서 내가 언급한 몇 가지 일화가 여러분에게 격려와 도전이 되기 바란다. 성도를 세우고 훈련하여 직접 사역하는 것이 지도자의 부르심이다.

탐 크라우터는 미국에서 현대 기독교 예배 영역의 주도자이다. 탐은 트레이닝리소스 센터의 책임자로 기독교인들이 하나님과 소통하는 관계를 개발하고 유지하며 강화하는 사역에 헌신해 왔다.

탐은 여러 베스트셀러를 쓴 저자, 예배 인도자, 소통전문가, 컨퍼런스 설교자로서 미국 전역과 전 세계 40여개 나라를 섬겼다.

탐은 기독교인의 일상에 성경을 적용하는 특별한 능력이 있으며 "효과적인 찬양 사역"을 비롯한 20여권의 독보적인 예배 사역 관련 책을 저술했다. 탐 크라우터는 ToMakeYouThink.com에 정기적으로 예배와 영성에 관한 글을 올리고 있다.

4장

사역, 멘토, 그리고 모자이크
MINISTRY, MENTORS, AND MOSAICS

데이비드 햄튼

나는 테네시주 프랭클린의 크라이스트 커뮤니티 교회[CHRIST COMMUNITY CHURCH]의 예배 사역자가 되었다. 내 좋은 친구이자 설립 목사인 스콧 스미스[SCOTTY SMITH]는 나에게 우리 교회 예배 사역의 중요한 원칙을 제시했다. 스코티는 우리 교회가 단지 예배 인도자를 양성하는 교회가 아니라 주도적인 예배자들[LEAD WORSHIPERS]로 이루어진, 창의적이며 사려 깊고 신학적으로 건강한 주일 예배를 만드는 공동체가 되기를 바랐다. 주도적인 예배자들이 모인 공동체는 주일 예배를 마치 힘든 일을 억지로 끝내듯 해치우는 데 초점을 두지 않으며 함께 모여 하나님께서 우리 삶에 역사한 이야기를 하나로 엮어 드린다. 그러므로 우리의 개인적인 삶의 방식과 시간은 주일에 함께 모여 드리는 찬양의 제사와 똑같은 예배이다. 우리 교회는 예배를 삶의 방식과 존재의 상태, 하나님의 자비로운 눈길 아래 살아가는 호흡 있는 모든 생명을 바라보는 수단으로 보도록 훈련받았다. 우리 교회를 처음 방문한 사람마다 우리를 예배 공동체라고 불렀다.

내가 지금 교회에서 예배와 예술 사역 책임자가 되기 전에 다양한 기독교 예술가들을 위한 음악가로 활발히 활동했다. 미국 49개 주와 15개 국가를 방문했으며 내슈빌에서 전속 작곡가로 2개의 음반 계약을 했다. 교회 사역을 시작하면서 이전처럼 여러 곳을 다닐 수 없었지만 우리 교회의 재능 있는 예술가와 음악가들과 작업할 기회를 얻었다는 사실이 짜릿하고 신났다. 80년대 후반과 90년대 초반에 많은 CCM 가수와 컨트리 음악 및 팝 가수들이 내가 섬기는 교회를 자신의 모교회라고 말했다. 우리 교회는 내슈빌 지역의 연예 예술 산업의 중심지였으며 지금도 그렇지만 당시에는 더 많은 재능 있는 가수와 연주자, 작곡가, 다양한 영역의 전문가가 우리 교회와 함께했다. 교회 통계에 따르면 한때 우리 예배팀에 150명의 자원자가 있었다.

당시에 우리 교회는 프랭클린 시내에 오래된 침례교회에서 예배했다. 매주 앉을 자리가 없을 만큼 사람이 몰려와서 예배에 늦은 사람들은 성가대 자리까지 차지했고 그 자리도 놓친 사람들은 맨바닥에 앉아 예배했다. 사실 교회의 실내 장식은 형편없었다. 바닥은 두꺼운 파란색 카펫이 깔렸고 의자는 비위에 거슬리는 오렌지색이었으며 예배실 뒷벽에 방음재로 사용한 카펫은 짙은 갈색이었다. 아름다움과 조화의 관점으로 보면 말할 것도 없이 가장 매력 없는 장소였지만 아이러니하게도 사람들은 주차시설도 미흡하고 좌석 배치도 엉망이며 음향시설도 나쁜 장소에 매주일 떼를 지어 몰려왔다. 당시의 우리 교회는 전무후무한 부흥과 가장 가까운 모습이었다.

더이상 사람을 받을 수 없을 만큼 늘어나자 우리는 남북 전쟁때 만든 역사적인 교회를 임대해서 영상 예배를 드렸다. 주일 아침 8시, 9시 30분, 11시, 12시 30분, 오후 5시까지 총 5번 같은 예배를 드렸다. 예배팀은 매주 토요일 아침 9시부터 11시까지 예행연습을 하고 주일 아침 7시에 모여 찬양 콘티를 정리하며 다시 연습했다. 예배 팀원 목록에 많은 이름이 있었기 때문에 연주자들과 싱어들은 대략 6주에 한 번씩 힘든 일정을 소화했다. 하지만 나는 매주 변함없이 예배팀을 섬겼으며 어느 순간 휴식 없이 38주를 연속으로 이 힘든 일정을 소화했다는 사실을 깨달았다. 문자 그대로 매주 생존 싸움을 하는 것 같았다.

내가 기억을 더듬어 긴 옛이야기를 나누는 이유는 단순히 지나간 추억을 공유하려는 것이 아니다. 이 이야기는 종종 사람들이 나에게 어떻게 자기 시간을 포기하고 무보수로 헌신하며 가족과 함께할 황금 같은 주말을 내려놓는지 질문할 때 내가 하는 대답이다. 내가 교회 사역에 종의 마음으로 자원한 이유는 담임 목사인 스콧의 확실한 예배 원칙과 방향에 동의했기 때문이다. 우리는 앞서 말한 것처럼 "예배 인도자를 양성하는 교회가 아니라 주도적인 예배자로 이루어진 공동체"가 되는데 마음을 모았다.

우리가 매주 함께한 모든 시간이 정해진 주일을 지키는 관습의 차원을 넘어 우리의 마음과 삶을 투자하게 했다.

목양

나는 줄곧 예배팀에 자원한 사람들의 지도자 역할을 했다. 아쉽게도 내가 속한 교단의 목사가 되는 몇 가지 기준에 부합하지 못해 안수를 받지 못해서 내 정식 직함은 지난 19년간 "책임자"였다. 하지만 내 직함이 어떻든 내 역할은 목사였으며 실제로 목양에 치중했다. 예배팀 연주자가 곤경에 처하거나 아이를 가지거나 암에 걸리거나 재활 치료를 받거나 부부 상담을 받거나 좋은 변호사가 필요하거나 심지어는 팀원들의 치과 의사의 이름까지 알만큼 나는 항상 팀원들의 삶의 중심에 있었으며, 이 모든 것을 당연하게 생각했다. 나는 내 목양적인 역할이 좋았고 예배 팀원들을 진심으로 사랑했다.

어쩌면 여러분이 보기에 내가 사역하는 교회의 모습이 마치 테네시주 프랭클린에 예수님께서 새로 건설한 하나님 나라처럼 보일지 모르지만, 이렇게 활기차고 열정적이며 이상적인 모습 이면에 깊은 성장통과 큰 대가를 치른 이야기로 가득했다. 사람들은 대부분 우리 교회의 겉모습만 보고 항상 최선을 다하는 활기찬 교회라고 생각하지만 사실 우리는 독특한 교회의 본보기로써 아무도 가지 않은 길을 가며, 누구도 관리하지 않은 새로운 땅을 개척했기 때문에 겉으로 보이지 않는 곳에 깊은 균열이 있었다.

교회를 섬기는 직원과 간사들이 수시로 바뀌었고 회중은 전진하고 발전하지 않고 항상 같은 자리에 머물렀으며 예배를 새로 추가하거나 시간을 더 늘릴지가 항상 뜨거운 논쟁거리였다. 교회의 책임자들과 섬김이를 제대로 배치한 것이 맞는지가 우리의 길고 지루한 회의의 주제였다. 결국 이런 문제가 하나하나 쌓여 교회를 섬기는 사람은 어쩔 수 없이 압박을 받았다.

여기저기서 터져 나오는 문제가 물 위로 드러나자 교회 원로 지도자 사이에 긴장이 감돌았고 관계가 불편해졌으며 오래전부터 사역의 최전방에서 여러 문제와 싸운 실무진에게 모든 종류의 환멸감이 몰려왔다. 내가 처음 활력 넘치는 우리 교회의 예배 사역을 맡은 이후 갈수록 소진되는 것을 느끼면서 두려움과 좌절감이 몰려왔다. 문제는 내가 겪는 어려움을 나눌 사람이 없었다는 점이다. 내가 지치자 내 가정에 문제가 생기기 시작했다. 갈수록 마찰과 갈등이 일어났고 마치 상담 전문 잡지에 나오는 상처받은 가족의 모습처럼 변했다. 나는 사역이라는 책임 때문에 내 가족을 교회의 강단 위에서 희생시켰다.

위기

1994년, 내가 교회의 정식 사역자가 되기 직전 내 아내는 다발성 경화증이라는 진단을 받았다. 처음에는 완화된 형태처럼 보였지만 다발성 경화증을 앓는 사람 중 약 5%만 겪는 아주 공격적이고 만성적인 형태로 변했다. 처음에 아내는 약간의 마비 증세와 비틀거림 때문에 지팡이를 썼지만 곧 보행기가 필요했고 나중에는 전동 휠체어가 없으면 움직이지 못할 만큼 악화했다. 의사는 나에게 곧 아내가 가장 단순한 일도 내 도움 없이 하지 못할 것이라고 했다. 내 사역이 가장 번창할 때, 슬프게도 사랑하는 아내의 세상은 급격히 시들었다. 결국, 아내는 삶의 마지막 7년을 병원에 있었으며 나는 아내를 돌보는 데 집중했다.

나는 진심으로 아내를 간호했지만 겹겹이 쌓인 육신의 피로와 우울한 마음을 감당하기 힘들었다. 나는 가정과 교회에서 오는 버거운 삶의 무게에서 벗어나려고 밤마다 술을 찾았고 거의 5년간 매일 전날에 한 말과 행동을 하나도 기억하지 못할 만큼 술을 마셨다. 나는 아내를 간호하면서 편부모와 전임 사역자로서 하면 안 되는 엄청난 문제에 빠져 있었지만 이 문제를 공유하고 나눌 가까운 사람이 없었다. 결국 나는 알코올 중독을 해결하기 위해 의학적인 도움을 받아야 할 만큼 상태가 나빠졌다.

굳이 지난날의 아픈 기억을 꺼낸 이유는 지도자를 세우는 멘토링이라는 주제를 다루려면 나 스스로 솔직해야 한다고 생각했기 때문이다. 나는 최고의 연주자들과 같이 일하면서 열정적인 회중에 둘러싸여 있었지만 내면은 거짓과 배신과 거절감으로 가득했고, 내 삶도 감당하지 못하면서 팀원들에게는 삶을 나누라고 강요했다. 안타깝게도 사람은 자기의 모든 자원을 다 고갈시키고 나서야 도움을 요청할 때가 많다. 특히 중독의 문제는 더 그렇다. 자기 자신과 가정과 주변 이웃에게 큰 상처를 주고 완전히 고립되고 나서야 도움받을 준비를 한다. 불행히도 내가 그랬다. 나는 내 한계까지 오는 것이 이렇게 먼 여정인지 몰랐다.

나는 2005년에 술을 끊고 회복된 후 다른 사람에게 내 삶을 나누기 시작했다. 사람들은 내 이야기를 듣고 깜짝 놀랐지만 교회 지도자 그룹은 나에게 매우 큰 은혜를 베풀었다. 나는 나에게 일어난 일과 하나님이 하신 모든 이야기가 다른 사람에게 용기를 주고 내 팀원들에게는 내가 그들의 현실을 공유할만한 "안전한" 사람이라고 느끼게 했다는 것을 깨달았다. 솔직하게 내 무너진 삶을 나눈 후 사역 팀원과 이전보다 더 솔직한 대화가 오갔다. 팀원들은 이전의 가식적인 이야기보다 실제 삶을 솔직하게 나눴다. 그들은 자신이 솔직한 이유는 내가 먼저 연약함을 나눴기 때문이라고 했다.

나는 삶에서 일어나는 가장 힘든 일 몇 가지를 직접 경험하면서 지도자와 지도력이란 것이 포탄이 휘날리는 전쟁터에서 멋진 흰말을 타고 부하들을 지휘하는 것이 아님을 깨달았다. 내가 깨달은 지도력은 근엄한 표정으로 사람들을 지휘하거나 깨진 유리 조각 같은 인생을 건너는 방법을 가르치는 것이 아니라 오히려 내가 먼저 깨진 유리 조각 같은 인생 위를 통과하며 주위 사람들과 함께한다는 확신을 주는 것이었다. 지도자의 책임은 하나님께서 침묵하시는 것 같은 고난 속에도 우리와 함께하시는 것을 삶으로 증명하며 튼튼하고 긴밀한 관계 안에서 도움을 주는 경험과 격려와 희망을 나누는 것이다. 탁월한 음악성과 기발한 예배 사역 아이디어와 끊임없는 사역 일정이 팀원과의 솔직한 삶의 나눔을 막으면 안 된다.

진정한 멘토링

멘토는 훈련하고 권고하며 조언한다. 멘토가 멘티에게 힘을 쏟는 만큼 멘토링의 효과가 달라진다. 멘토와 지도자들은 회중에게 "우리를 믿으라"라고 요구하기 때문에 신뢰의 기초가 되는 관계성이 필요하다. 멘토링과 지도력은 단순히 사람들을 일정한 틀에 맞추어 좋은지 나쁜지 확인하는 기계적인 활동이 아니다. 하지만 많은 교회가 관계성 없는 기계적인 종교 활동을 기독교 공동체라고 오해한다. 우리의 마음과 삶이 하나 되어 생동감 넘칠 때 하나님을 예배하는 삶을 살 수 있다. 강단 위에 서기 전에 먼저 삶의 예배가 있어야 한다.

멘토링은 단지 무대 매너나 마이크 사용법, 훌륭한 음악 기술을 유지하는 방법을 가르치는 것이 아니다. 이런 기술은 멘토보다 공연 전문가들이 더 잘 가르친다. 멘토링은 멘토가 먼저 하나님의 은혜를 경험하고 변화된 삶으로 우리가 어디에 있든 하나님의 은혜와 복음으로 참된 회복을 경험하는 것이 무엇인지 알려주는 것이다. 멘티가 멘토에게 배워야 할 것은 하나님을 갈망하는 마음과 하나님의 아름다움을 아는 데서 나오는 열정이다.

사실 멘토링은 효과의 측면에서 그리 효율적이지 않다. 사역의 지도자들은 대부분 시간이나 기술, 관계적인 측면에서 매우 효율적인 결과가 필요하지만, 멘토링은 오랜 시간과 꾸준한 관계와 인내를 요구하기 때문이다. 그래서 멘토링은 다른 많은 일의 성취를 포기하는 것과 같으며 다른 것을 내려놓고 사람에 투자하는 것이다. 문제는 멘토링이라는 투자가 우리의 조건과 방식에 맞는 경우는 거의 드물고 대부분 멘티의 편의와 조건에 맞춰진다. 또 지도자가 멘티를 위해 자신의 사역 틀을 벗어나는 모습을 보일 때 신뢰하기 시작한다. 지도자가 사역이나 기술이 아닌 솔직한 모습으로 사람들을 사랑하고 신뢰하는 것을 보여줄 때 사람들은 마음 놓고 자신의 삶을 공개한다.

나는 지난 몇 년간 영적인 점검과 쇄신을 거치면서 전과는 다른 관점으로 사람을 보기 시작했다. 전에는 사람들을 언제든 필요하면 교인 명부에서 찾아 사용하는 "음악 선수"들이라고 생각했지만 이제는 그들 한 명 한 명이 삶과 꿈과 희망이 있는 영혼이라고 생각한다. 사람들은 멘토의 투자와 섬김으로 놀라운 기쁨을 경험하기 원한다. 멘토에게 투자받은 사람들이 삶에서 자신만의 삶을 살면서 또 다른 누군가에게 삶을 투자하고 또 다른 이가 삶을 공유하며 다른 사람을 이끌어 간다.

지도자들은 목양으로 자신을 재생산한다. 중요한 것은 어떤 지도력을 보여주냐에 따라 사람들에게 나타나는 재생산의 열매가 달라진다는 것이다. 당신은 모든 점검 사항을 완벽히 충족해야만 하나님의 기쁨을 느끼고 완벽주의와 효율성을 추구하며 목표를 성취하는 것만 관심 있는 자원봉사자를 재생산하는가, 아니면 서로 연약함을 품고 용납하며 사랑하고 서로에게 영감을 주며 함께 헌신하는 제자를 만드는가? 담임목사인 스콧은 처음부터 나에게 "사람들을 포용하라"고 권면했다.

멘토로서 내 역할은 마음이 상한 사람들을 품는 것이다. 깨지고 부서진 사람들이 하나님 앞에 나올 때 전능하신 하나님의 치유 능력으로 회복된 마음이 하나하나 모여 아름다운 모자이크가 된다. 하나님은 단순히 한 사람의 깨진 마음의 조각을 이어 붙이는 것이 아니라 여러 사람의 아픈 마음에서 나온 다른 조각을 서로 조화롭게 이어 붙여 완전히 새롭고 아름다운 모자이크를 만드신다.

멘토는 멘티의 인생을 하나님의 아름다운 구원 과정으로 본다. 우리가 인생에서 대수롭지 않게 여기는 잊고 싶은 이야기가 하나님 안에서 작고 반짝이는 조각처럼 변해 하나님 나라 모자이크에 독특한 아름다움을 부여한다. 나는 주도적인 예배자^{LEAD WORSHIPER}로서 내가 섬기는 사람들이 움켜잡고 놓지 못하는 날카로운 삶의 아픈 상처를 내려놓도록 초대하고 품어주며 격려하고 기도한다. 그리고 그들이 복음 앞에 내려놓은 삶의 날카로운 조각들이 하나님의 모자이크에 각각의 자리가 있다는 것을 보여주려고 노력한다.

데이비드 햄튼은 1988년부터 테네시주 내슈빌에 살면서 유명한 두 곳의 음반사와 전속 작곡가로서 활동했으며 다양한 기독교 음악 예술가와 공연 여행을 했고 크라이스트 커뮤니티 교회의 예배 및 예술 감독으로 사역했다.

겉으로 드러난 데이비드의 삶은 화려했지만 1994년 데이비드의 아내 트리시아가 다발성 경화증 진단을 받고 2013년 합병증으로 사망했으며 데이비드는 그 과정의 압박을 이기지 못하고 그만 알코올 중독에 빠졌다.

하나님의 은혜로 알코올 중독에서 해방된 후 데이비드는 2005년 6월에 국가 공인 알코올 및 약물 중독 회복 상담사(CPRC) 자격을 취득하고 내슈빌 지역 치료 센터와 비영리 회복 사역과 긴밀히 협력하면서 자기와 같은 어려움을 겪는 사람들을 돕고 있다.

데이비드는 탁월한 강연가이며 "우리의 참된 모습 : 우리가 믿는 것과 우리가 믿고 싶은 것"과 "기적 그 이후"라는 두 권의 책을 출판했다. 데이비드는 다양한 팟캐스트와 중독 회복 사역에 글을 기고하며 자신의 고향 교회인 어거스틴 주교 교회의 회복 사역을 돕고 있다.

5장

다음 세대 예배자 세우기
DEVELOPING THE NEXT GENERATION OF WORSHIPERS

켄트 헨리

희미한 빛이 감도는 예배실 강단 위에 10대 후반에서 20대 초반의 젊은이 6명으로 이루어진 예배팀과 이들보다 약간 더 나이 든 한 남자가 서 있다. 회중석에 드문드문 흩어진 사람들은 예배팀에 신경 쓰지 않고 온전히 하나님께 집중한다. 음악이 서서히 작아지면 회중은 거의 1시간 동안 때로는 강하고 때로는 약하게 진심 어린 기도를 드린다. 예배실에 하나님께 헌신하는 마음을 담아 드리는 자발적이고 즉흥적인 노래들이 울려 퍼지며 확신에 찬 강한 선포로 이루어진 후렴구가 반복되고 회중은 가사를 반복할수록 자신 있게 찬양한다.

어느 정도 시간이 지나고 노래가 느려지면 기도 소리가 더 크게 울려 퍼지고 강단 위 연주자들은 계속 자신의 악기를 연주한다. 어떤 상황에도 음악은 작아질 뿐 멈추지 않으며 마치 밀물과

썰물처럼 울려 퍼진다. 회중은 위대하신 하나님을 예배하고 기도하며 노래한다. 이것은 미주리주 세인트루이스의 데스티니 교회DESTINY CHURCH의 기도실PRAYER ROOM 모습이다. 데스티니 교회의 기도실은 하나님의 사람들이 자발적으로 매일 예배실에 모여 간절히 중보하고 예배하면서 하나님 안에 머무는 곳이다.

그룹 혹은 개인이 돌아가면서 기도나 예배를 인도하지만 보여주기식의 쇼처럼 참여하지 않는다. 앞에 선 사람들은 공연자라기보다 하나님 앞에서 섬기는 사람으로서 기도와 중보와 예배로 시간을 보낸다. 하나님을 향한 예배와 기도가 올라가는 1시간 동안 앞서 말한 젊은이들이 예배팀으로 회중이 하나님께 예배하도록 같이 기도하고 노래한다. 강단 위의 예배자나 회중석의 예배자나 같이 예배하고 기도하고 노래하지만 누구나 이 젊은이들의 역할을 하는 것은 아니다.

1 주님, 내가 주님을 부르니, 내게로 어서 와 주십시오. 주님께 부르짖는 내 음성에 귀를 기울여 주십시오. 2 내 기도를 주님께 드리는 분향으로 받아 주시고, 손을 위로 들고서 드리는 기도는 저녁 제물로 받아 주십시오. (시 141:1~2)

나는 우리 교회의 14세에서 22세까지의 젊은이들을 멘토링하는 영광스러운 역할을 맡았다. 나는 하나님의 은혜로 지난 30년간 예배와 예배 인도를 가르치고 실천하면서 젊은 세대가 알지 못하는 이해와 경험을 쌓았다. 이제 내 일은 남은 시간 동안 하나님의 능력과 은총을 힘입어 다음 세대에게 내가 배우고 경험한 예배의 유산을 다음 세대가 성장하도록 나누어주는 것이다.

기도실 섬김이 끝나면 예배팀은 다른 장소로 이동해서 다 같이 예배 섬김을 점검한다. 나는 예배 팀원 모두에게 "오늘의 섬김 중에서 가장 마음에 든 점을 나눠보자"라고 질문한다. 내가 질문하는 이유는 각자가 예배에서 느끼고 경험한 것을 정리하면서 잊지 않고 스스로 배우기 위해서이다. 예배 팀원들은 편한 분위기 속에서 내 질문에 각자가 느낀 것을 나누고 나는 그들의 말을 받아 조금 더 깊이 질문하거나 내 의견을 제시하기도 한다.

우리는 단지 영적인 체험만 나누는 것이 아니라 드럼 연주자의 박자 문제, 어떻게 효과적으로 회중의 기도를 지원할지, 어떻게 하면 다음에는 더 좋아질지 등의 다양한 이야기와 다음에 다시 섬길 때 지켜야 할 것이 무엇인지도 나눈다. 나는 팀원들의 자유로운 나눔을 듣고 적절한 답을 제시한 후 한명 한명 진심을 담아 격려한다. 모든 사람이 그렇지만 젊은이들은 특히 더 많은 격려가 필요하다. 격려가 끝나면 서로 격려하도록 권면한다.

내가 이렇게 점검 시간을 강조하는 이유는 팀원 중에 의기소침한 사람을 찾아서 격려하기 위해서다. 점검의 시간을 통해 여러 가지 이유로 낙심하고 자신감을 잃은 사람을 발견하면 따로 격려한다. 생각보다 많은 젊은이가 자신의 독특한 부르심과 탁월함을 발견하지 못하고 열등감에 빠져있다. 하나님의 은혜는 이렇게 마음이 상한 사람들에게 역사한다. 주님을 향해 간절한 사람들은 배우는 의지가 훨씬 더 강하다.

점검 시간이 끝나면 예배팀과 함께 복도를 가로질러 기도실보다 조금 더 큰 공간으로 이동해서 미리 모인 사람들과 함께 1시간 정도 성경적 관점으로 보는 기도와 예배, 하나님 앞에 머무는 삶의 중요성 등을 가르친다. 모든 신자는 하나님을 위해 마음을 구별하며 순수하고 단순하게 헌신하는 삶을 살도록 부름 받았다. 우리는 무엇을 하든 그리스도를 향한 진실함과 순결함을 잃으면 안 된다. 사도 바울은 이렇게 말했다.

> 그러나 내가 두려워하는 것은 뱀이 그 간사한 꾀로 하와를 속인 것과 같이 여러분의 생각이 부패해서 여러분이 그리스도께 대한 진실함[과 순결함]을 저버리게 되지나 않을까 하는 것입니다. (고후 11:3)

참된 헌신은 주님을 향한 충성심과 깊은 사랑에서 나온다. 우리가 추구할 최종 목표는 우리의 모든 영적인 활동이 재미있는 교회 놀이에 머물지 않고 예수님을 향한 헌신으로 연결하는 것이다. 예배 음악가WORSHIP MUSICIANS에게 그리스도를 향한 순결함과 사랑이 절대적으로 필요하므로 어떻게 하면 주님을 더 순수하게 사랑할 수 있을지 고민하며 실천해야 한다. 내 신앙생활은 얼마나 헌신적인가? 어떤 점을 가장 중요시하는가? 어떻게 하면 더 성장할까? 머릿속의 추상적인 생각을 나누면서 실제적이고 구체적인 실천으로 이어지도록 노력하자.

함께 말씀을 듣고 공부한 것을 3명에서 4명 정도 소그룹을 만들어서 각자 배운 것이 자신에게 어떤 의미가 있는지, 어떻게 삶에 적용할지 나누면서 함께 기도한다. 나는 젊은 친구들보다 조금 더 많이 "인생을 여행한 사람"으로서 기대감으로 이들의 믿음이 성장하도록 멘토링한다. 혹시나 젊은 친구들이 때로 실수하거나 실패하면 새로운 환경을 만들어서 다른 방식으로 도전하도록 격려하며 새로운 경험을 쌓도록 도와준다. 이것이 내가 다음세대를 세우는 멘토링과 제자도의 일부분이다.

우리의 시작

나는 지난 13년간 데스티니 교회를 섬겼다. 우리 교회는 37년 전에 시작했는데 최근 9년간 1,000명이 넘는 인원으로 성장했고 60명이 넘는 사람을 세워 예배를 인도할 4개의 예배 팀을 구성했다. 하지만 아직도 예배팀에 참여하지 않은 싱어와 연주자가 매우 많았다. 이들은 아마도 과거에 다른 교회의 예배팀이었고 부르심을 위한 발전과 활성화를 위해 우리 교회에 왔을 것이다. 문제는 예배팀에 속하지 않은 많은 예배자를 위한 시간이나 장소가 부족하다는 것이었다.

당시에 우리 교회는 내 사위이자 담임 목사인 짐 스턴이 받은 사명인 기도실 사역PRAYER ROOM MINISTRY을 언제 시작할지 고민하는 중이었기 때문에 많은 예배자의 존재는 하나님께서 주시는 응답이라고 생각했다. 그래서 우리는 선발된 60명을 제외한 전체 교인 중에 예배팀 경험이 있는 사람을 추가로 조사한 결과 80명의 예배자를 새로 발견했다. 우리는 이 놀라운 결과를 보면서 정말 하나님께 감사드렸다. 우리는 바로 음악과 영성 훈련과정을 시작했다. 예배 곡을 지정해서 음악적인 기술을 습득했고 하나님의 임재 능력을 이해하고 어떻게 하면 하나님의 임재가 역사하는지 배웠다. 물론 모든 사람이 같은 속도로 배우지는 않았지만 10명 중 7명은 성실하게 훈련 과정을 진행하면서 교회가 자신을 예배팀에 합류 시켜 주어 감사하다고 말했다.

나는 멘토링에 반드시 실제적인 업무능력을 개발하는 과정과 다른 사람을 향한 투명성 개발이 포함되어야 한다고 생각한다. 교회와 사역의 다양한 차원을 섬기려면 긍정적인 태도와 실제적인 업무능력이 필요한 것처럼 예배 사역도 예외가 아니다. 만일 멘티의 성격이 모가 났다면 멘토링 과정에서 그냥 넘어가면 안 된다. 진정한 제자도는 정직함과 성실함을 요구한다. 제자도는 정기적 공연의 연주 기술이나 예행연습을 뛰어넘는 더 깊은 차원을 의미한다. 예배를 섬기는 싱어나 악기 연주자는 예배에 임하는 주님의 임재 안에서 성장하는 법을 배워야 한다. 우리가 예배에서 하나님을 더 자주 만날 때 우리 마음과 매일의 삶과 성품에 더 깊은 변화가 일어난다.

다음 세대에게 투자하기

우리 교회는 예배자 훈련 과정에 참여한 다음 세대를 멘토링하는 것이 교회 전체가 성장하기 위한 투자라고 본다. 예배자들은 소모품이 아니다. 교회가 시간과 자원을 투자해서 다음 세대에게 자신이 믿음 안에서 주님의 그릇^{VESSEL}이라는 것을 가르치면 결국 다음 세대가 교회를 든든히 세우는 핵심이 된다. 그러므로 다음 세대를 훈련하는 것은 곧 하나님 나라를 위한 투자다. 어른 세대가 다음 세대보다 앞서 인생을 산 삶의 경험과 바른 관점과 가치를 다음 세대에게 쏟아부어 하나님의 형상으로 자라도록 도울 때 영원한 상급과 하나님 나라를 위한 진정한 투자를 하는 것이다. 우리는 역대상 25장에서 주님의 집을 섬기는 음악 연주자들과 신령한 노래를 부르는 사람을 세우시는 하나님의 명령과 사명을 발견한다.

"다윗이 군대 지휘관들과 더불어 아삽과 헤만과 여두둔의 자손 중에서 구별하여 섬기게 하되 수금과 비파와 제금을 잡아 신령한 노래를 하게 하였으니… 아삽의 지휘 아래 왕의 명령을 따라 신령한 노래를 하며…그의 아버지 여두둔의 지휘 아래 수금을 잡아 신령한 노래를 하며 여호와께 감사하며 찬양하며… 이는 다 헤만의 아들들이니 나팔을 부는 자들이며 헤만은 하나님의 말씀을 가진 왕의 선견자라…이들이 다 그들의 아버지의 지휘 아래 제금과 비파와 수금을 잡아 여호와의 전에서 노래하여 하나님의 전을 섬겼으며 아삽과 여두둔과 헤만은 왕의 지휘 아래 있었으니 그들과 모든 형제 곧 여호와 찬송하기를 배워 익숙한 자의 수효가 이백팔십팔 명이라"(역대상 25:1~8)

말씀을 보면 스승과 제자가 같이 연주하고 노래했다고 나온다. 어떤 이는 가르쳤고 어떤 이는 배웠다. 스승과 제자는 둘 다 필연적인 관계였으며 지금도 여전히 그렇다. 음악 재능이 있는 사람이 교회에서 훈련받지 못하면 세상에서 훈련받을 수밖에 없다. 나는 가능하다면 음악에 재능 있는 젊은 청년들이 주님의 몸 된 교회에서 최고의 훈련과 교육을 받는 것이 좋다고 생각한다.

보라, 주님께 노래하고 연주할 세대가 온다. 우리의 책임은 다음 세대가 하나님의 임재 앞에 서도록 돕는 것이다. 신앙과 인생에서 더 많은 것을 경험한 어른들이 다음 세대가 하나님을 섬기도록 도와야 한다. 우리는 부흥을 단순하게 정리할 수 있다. "사람들의 은사와 부르심, 재능을 활성화하는 것." 많은 교회가 이렇게 단순하지만 중요한 부흥을 놓친 이유는 어른들의 고정관념에 맞는 "완벽한 다음 세대"를 찾았기 때문이다.

사실 우리가 찾는 다음 세대는 은사를 발견하지 못한 정도가 아니라 아예 가능성조차 없어 보였다. 그럼에도 우리는 다음 세대의 연약함과 다듬어지지 않은 모습이 결론이라고 생각하지 말고 앞으로 성장할 기회와 가능성을 봐야 한다. 우리는 자신의 잠재력을 깨닫지 못한 다음 세대를 용납하고 받아들여서 그들이 하나님 안에서 배우고 성장하며 마음껏 꽃 피우도록 도와야 한다. 사도바울은 믿음의 아들 디모데에게 이렇게 말했다.

> 6 그러므로 내가 나의 안수함으로 네 속에 있는 하나님의 은사를 다시 불일듯하게 하기 위하여 너로 생각하게 하노니 7 하나님이 우리에게 주신 것은 두려워하는 마음이 아니요 오직 능력과 사랑과 절제하는 마음이니 (딤후 1:6-7)

이 말씀에서 "은사를 다시 불일듯하게 하기 위하여"라는 부분에 집중해 보자. 우리는 주님을 위해 은사와 재능과 능력을 사용하려는 갈망으로 타올라야 한다. NIV 성경은 이것을 "부채질하여 불붙이다"라고 표현한다. 이전에 나는 이 구절이 영적인 영역만 말하는 것으로 생각했지만 사실 이 말씀은 우리의 타고난 재능에도 적용할 수 있다. 진정한 멘토링의 첫 단계는 사람들의 재능과 숨겨진 은사를 멸시하지 않고 발견하도록 돕는 것이다.

본을 보이기

우리는 제일 먼저 훈련생에게 주님의 임재 안에서 노래하고 연주하는 것이 무엇인지 본을 제시한다. 예배자들이 참된 예배를 실천하려면 먼저 봐야 한다. 지도자들은 종종 사람들이 어떤 것을 이미 안다고 속단하는 데 사실 잘 모를 때가 더 많다. 목회자들과 사역자들은 회중과 예배팀이 참된 예배의 진리나 삶의 예배를 충분히 이해할 것이라고 쉽게 속단하지 말고 하나님께서 예배자들에게 원하시는 사역과 삶이 무엇인지 가르치고 본을 보여야 한다. 우리는 예배자들이 강단에 서기까지 신중하게 계획을 세워서 충분한 시간과 자원을 투자하면서 최우선 순위가 주님을 섬기는 것이라는 사실을 이해하도록 가르친다. 예배팀 싱어와 연주자, 헌금 특송, 찬양과 경배처럼 예배음악에 포함된 모든 것이 주님을 향한 사역이다.

많은 교회가 오랫동안 알게 모르게 주일 예배와 찬양과 경배에서 인본주의적인 편의를 강조하고 있다. 이게 무슨 이야기인가? 예배받으시는 하나님보다 예배를 드리는 사람들의 편의와 마음에 더 집중하면서 예배의 내용이 사람이 좋게 느끼도록 기울었다는 의미이다. 특히 우리가 사용하는 예배 곡의 가사에 큰 문제가 생겼다. 언젠가부터 예배 곡이 하나님을 높이고 예수님이 어떤 분이며 무슨 일을 하셨는지보다 사람에 지나칠 정도로 초점을 맞추고 있다. 나와 데스티니 교회는 예배자들에게 예수님이 최우선 순위가 되기를 기대한다.

경건의 삶 개발하기

앞서 말한 것처럼 데스티니 교회 기도실의 기본적인 추진력은 예배자들이 주님의 임재 안에 머물면서 말씀과 기도에 집중하며 하나님을 향한 헌신의 수준을 높이는 데 있다. 우리가 하나님 앞에 머물수록 하나님을 향한 갈망이 깊어지고 모든 상황을 영적으로 "보는" 능력이 향상되며 주님의 감동을 더욱 잘 느끼고 분별할 수 있다. 이것이 예배 인도자에게 가장 필요한 영역이기 때문에 우리는 예배자의 경건의 삶을 강조하고 또 강조한다. 음악가들의 경건의 삶을 개발하는 방법은 다양하다. 데스티니 교회는 우리만의 독특한 몇 가지 실용적인 방법을 사용하는데 이것이 다음 세대 예배자를 세우는 데 도움이 되리라 생각한다.

나는 몇 년 전에 예배팀 예행연습의 중심에 새로운 곡 배우기를 놓지 말아야 한다고 깨달았다. 물론 새 곡을 배우는 것은 중요하다. 하지만 예행연습에서 가장 중요한 부분은 아니다. 우리 교회에서는 보통 예행연습 시간에 예배실에 예배 팀원 외에 다른 사람은 없으며 예배 팀원 중 두 사람이 시작 기도로 예행연습을 시작하고 30분 정도 다 같이 전심으로 예배한다. 30분 동안의 예배에서 연주자나 싱어는 마이크 없이 온전히 예배에 몰입하면서 우리가 음악 쇼에 나가는 것이 아니라 기도실을 섬기는 것임을 다시 한번 기억하며 사람이 아닌 하나님께 초점을 맞춘다.

우리는 예배자들이 예행연습이나 예배를 드리러 교회에 오는 시간을 기도와 예배로 채우도록 권면한다. 몇 해 전 예배 인도자로 사역하던 내 친구 한 명이 예배팀이 교회로 오는 길에 더 적극적으로 영성을 추구하도록 도전하면서 예배에서 드리는 예배 곡을 모아 경음악을 만들어 나눠 주면서 교회에 올 때마다 그 경음악을 들으면서 마음을 다해 예배하라고 권면했다.

내 친구는 악기 연주자도 자기의 목소리로 하나님을 예배하며 기도하라고 권면했다. 이런 적극적인 실천으로 예배팀은 "성령의 흐름을 타는" 능력을 개발했고 악기 연주도 더 능숙해지는 구체적인 결과를 보았다. 적어도 예배 팀원이 교회에 도착할 때쯤 이미 그 마음이 하나님의 임재로 충만해야 한다. 이런 방법들은 회중 예배 인도를 위한 준비를 돕는 실용적인 아이디어다. 나는 다음 세대 예배자들이 마음의 태도가 무엇보다 제일 중요하다는 것을 빨리 깨닫기 바란다. 예배자들은 주님께 확실하게 고정된 마음으로 하나님 앞에 예배하며 기도해야 한다. 하나님께서 이사야 선지자를 통해 이렇게 말씀하셨다.

주님께서 말씀하신다. 이 백성이 입으로는 나를 가까이하고 입술로는 나를 영화롭게 하지만 그 마음으로는 나를 멀리하고 있다. 그들이 나를 경외한다는 말은 다만 들은 말을 흉내 내는 것일 뿐이다. (사 29:13, 새번역)

나는 내가 멘토링 하는 멘티들이 이 말씀의 주인공이 되지 않기를 바라며 기회 있을 때마다 예배자들에게 제일 중요한 것은 음악이 아닌 마음이라고 강조한다. 물론 다음 세대 예배자들이 훌륭한 음악 실력을 갖추길 원지만 하나님을 예배하는 최우선은 음악이 아니라 마음에 있다. 나는 종종 젊은 세대에게 하나님의 마음을 나눌 때 마음이 뭉클하며 말을 잇기 어려울 때가 있다.

다음 세대를 섬기는 것은 어깨에 큰 짐을 진 것처럼 막중한 책임을 요구하지만 그만큼 중요하고 아름다운 일이다. 나는 멘티들이 내가 하나님 앞에서 하는 모든 것이 쇼가 아니라는 것을 알았으면 좋겠다. 예배자로 사는 것은 쇼가 아니라 현실이다. 나는 내가 가르치는 것을 확신하며 다음 세대가 경험하기를 기도한다. 지금은 다음 세대에게 성경의 진리를 쏟아부을 때다.

다음 세대가 하나님의 말씀에서 진리를 발견하도록 돕는 것은 어른 세대의 최고 특권이자 막중한 책임이다. 우리는 10대와 20대의 젊은 예배자를 제자화하는 멘토의 역할을 가볍게 여기면 안 된다. 우리가 말하는 단어 하나하나가 다음 세대의 기준이 되어 교회의 미래에 엄청난 영향을 끼친다. 나는 교회가 때로는 어려움과 위험이 따르겠지만 다음 세대를 축복하고 세우는 일에 투자하도록 도전하고 격려한다. 당신의 모든 것을 쏟아부을 사람을 찾아라. 하지만 우리가 완벽한 다음 세대가 아니라 가능성 있는 다음 세대를 찾는 것임을 기억하라.

당신이 다음 세대 예배자들의 삶을 변화시킬 실제적인 도움을 제공한다면 앞으로 몇 년 후, 지역 교회의 예배 사역에서 당신에게 이렇게 말할 것이다. "정말 감사합니다."

켄트 헨리는 현대 예배 운동의 선구자다. 켄트는 호산나 인테그리티 뮤직의 첫 공식 앨범인 ALL HAIL KING JESUS를 포함한 6개의 예배 앨범을 인도했으며 지난 40년간 20개 이상의 라이브 예배 음반을 녹음했고 많은 다음 세대의 예배 앨범을 제작 감독했다.

켄트는 북미와 다른 여러 나라를 두루 다니며 예배 인도와 예배를 가르쳤으며 최초의 현대 예배 잡지인 Psalmist Magazine의 창립자이자 발행인이다.

켄트의 가장 큰 업적은 큰 딸 제시카와 결혼한 사위 짐 스턴 목사가 담임하는 데스티니 교회에서 다음 세대를 멘토링 하는 것이다. 켄트에 관한 자세한 사항은 Kenthenry.com에서 확인할 수 있다.

6장

멘토링 : 치유와 지도력으로 가는 길

MENTORING : MY ROAD TO HEALING AND LEADERSHIP

카렌 레퍼티

나는 지금도 하나님께서 나를 음악 사역으로 부르신 밤을 생생하게 기억한다. 그날은 내가 캘리포니아 헌팅턴비치의 스테이크 레스토랑인 프랭크 하우스에서 공연을 마치고 집으로 돌아온 날이었다. 나는 하나님의 부르심을 받고 당시에 최고의 공연비를 받던 일을 그만두고 "예수님의 음악가"로 믿음의 행보를 시작하기가 쉽지만은 않았다. 70년대 초반에는 "예수님을 따르는 음악가"의 모델이 없었으며 우리가 현대 기독교 음악의 선구자였다. 타임스지는 당시에 젊은이들 사이에 일어나는 부흥 운동을 "예수 운동THE JESUS MOVEMENT"이라고 불렀지만 아직 정확한 정의가 내려지지도 않았던 시절이었다. 내가 "예수님을 따르는 음악가"의 부르심에 응답하자 음악에 접근하는 방법뿐만 아니라 내 인생 전체에 큰 변화가 찾아왔으며 아직 내가 배워야 할 것이 너무 많았다.

주님의 부르심에 응답하고 몇 달 후 나는 남부 캘리포니아로 이사하고 일자리를 찾으면서 동시에 성경을 잘 가르치는 교회를 찾았다. 이 소식을 들은 사촌이 나를 코스타 메사에 있던 갈보리 채플CALVARY CHAPEL로 인도했다. 예배실에 정장을 깔끔하게 차려입은 예배자들과 어깨까지 머리카락을 기른 "예수 믿는 히피JESUS FEAKS"들이 같이 있었다. 강단 앞에 히피 차림을 한 몇 명이 통기타를 치며 현대 포크록 음악으로 예배를 인도했는데, 이 모습이 나에게 큰 충격을 주었다. 이후 나는 기독교인으로서 바르게 믿지 못했다는 사실을 깨닫고 다시 한번 주님께 삶을 바쳤고 주님은 내가 예수님을 위한 노래를 쓰도록 인도하셨다. 나는 하나님께서 나를 엄청난 부흥의 중심으로 이끄신 것에 몹시 감격했다.

나는 갈보리 채플의 주일 예배만 참석하다 음악인을 위한 별도의 성경 공부와 친교 모임이 있다는 소식을 듣고 꾸준히 참석했다. 갈보리 채플의 척 스미스CHUCK SMITH 담임 목사님은 현대 음악이 젊은 세대가 제자가 되어 주님을 섬기는 데 매우 중요하다고 말했다. 척 목사님은 매주 열리는 우리의 성경 공부 모임에서 "마라나타 뮤직MARANATHA MUSIC"이라는 특별한 단체를 세웠다. 마라나타 뮤직은 예수님을 위한 음악JESUS MUSIC을 전문적으로 다루는 첫 음반 회사로 많은 젊은 음악가들에게 획기적인 발판이 되었다.

마라나타 뮤직에 속한 사람들은 영적인 성숙을 위해 월요일 아침 성경 공부에 꼭 참석했으며 성경 공부로 우리 안에 든든하게 세워진 하나님의 말씀이 우리 세대에 일어나는 하나님의 새로운 부흥의 폭풍을 이해하고 따라가도록 만들었다. 하나님의 말씀에 갈급한 젊은 음악가들이 함께 모여 있는 것만으로 좋았으며 마라나타 뮤직에 합류하는 것만으로 자연스럽게 "사역할 사람" 명단에 이름이 올라갔다. 우리는 지역 양로원에서 어르신을 대상으로 음악 사역을 하거나 디즈니랜드에서 열리는 기독교 축제 때 공연하기도 했다. 마라나타 뮤직은 우리가 언제 어디서든 음악으로 섬기도록 가르쳤다.

내 초기 음악 사역을 되돌아보면서 음악을 배워서 예배하고 복음을 전하는 것만 아니라 교회의 일원으로 예수님의 제자가 되었다는 것이 얼마나 큰 축복이었는지 깨닫는다. 나는 미국과 전 세계를 다니면서 예수님의 제자가 되는 것은 전혀 관심도 없고 교회에 출석하지도 않는 젊은 음악가들을 많이 만났다.

목회자들은 항상 주님을 뜨겁게 사랑하며 음악적으로도 탁월한 예배 인도자를 찾지만 현실은 대부분의 젊은 음악가가 대학을 갓 졸업하고 사역을 시작하면서 진짜 사회생활이 무엇인지, 인생이 무엇인지, 어디로 가야 할지 고민하고 있다. 사실 이 젊은 음악가들은 대단한 사역의 책임자가 되기보다 함께 있으면서 대화를 나누며 진심으로 공감하고 돌봐줄 멘토가 필요하다.

만일 당신이 목회자라면 섬기는 교회에 음악가들을 어떻게 도울지 주님께 구하길 기도한다. 만일 당신이 음악가라면 특히 교회의 예배 인도자나 예배 사역자라면 나는 이렇게 질문하고 싶다. "당신은 예배팀 안에 다음 세대의 영적, 음악적 성장과 관계성 도움을 주기 위해 무엇을 하는가?"

몇 가지 예

제자도가 우리에게 도움을 준 몇 가지 실제 예가 예수 운동 기간에 있었다. 앞서 말한 것처럼 월요일 아침은 마라나타 뮤직 음악가들을 위한 성경 공부 모임이 있었고 매주 토요일 저녁은 그 음악가들을 중심으로 마나라타 콘서트를 열었다. 어느 월요일 성경 공부 시간에 토요일 콘서트에 참여한 기타리스트 데이브가 앞에 나와 이야기했다.

"여러분 안녕하세요. 모두 아시겠지만 저는 지난 토요일 저녁 공연했던 밴드에서 일렉 기타를 연주했습니다. 이렇게 귀한 자리에 서는 것은 정말 가슴 설레는 일이죠. 하지만 저는 지난 토요일 저녁 내내 잘못된 동기로 무대에 섰기 때문에 여러분께 용서를 구하려고 나왔습니다. 콘서트가 끝난 후 로메인^{ROMAIN} 목사님이 오셔서 이렇게 말씀하셨어요. '데이브, 나는 당신이 연주하는 것을 여러 번 봤어요. 나는 당신이 연주할 때마다 항상 하나님을 경외하는 마음으로 연주한다고 느꼈습니다. 하지만 오늘 저녁만큼은 당신이 주님보다 앞줄에 앉은 소녀들을 더 의식하며 연주하는 것처럼 보였습니다.'"

데이브는 잠시 말을 멈추고 한숨을 쉰 후 계속 이야기했다.

"로메인 목사님의 말이 전적으로 옳았어요. 사실 저는 맨 앞 줄에 앉은 소녀가 저에게 관심을 가지기를 기대했거든요. 하지만 목사님께 딱 걸린 것이 정말 기쁩니다. 이제 제 잘못된 점을 고칠 수 있으니까요. 내 개인적인 이익을 위해 사역을 이용하는 건 정말 역겨운 일입니다. 여러분, 저를 용서해 주시고 제 마음이 회복되도록 기도해 주세요."

성도를 진심으로 위하는 목회자의 부드럽고 사랑 가득한 질책은 강력한 힘이 있다. 이때의 신선한 충격은 데이브와 나뿐만 아니라 그곳의 모든 사람에게 영향을 끼쳤고 수십 년이 지난 지금도 내 마음에 남아 있다. 우리가 "척 아빠PAPA CHUCK"라고 부르는 척 스미스 담임 목사님은 한 달에 한 번 월요 성경 공부에 오셔서 우리가 어떻게 하는지 보셨다. 한 번은 성경 공부를 보러 오신 척 목사님의 표정이 근심으로 가득했다. 당시에 마라나타 뮤직은 매주 캘리포니아 서부 해안가 도시에 순회 공연팀을 보냈다. 공연팀은 한 교회를 방문해서 토요일 저녁에 콘서트를 열고 다음 날 주일 아침 예배를 섬겼다. 물론 토요일 밤 군중과 주일 아침 회중은 그 성격이 아주 달랐다.

척 목사님은 우리 앞에서 선교 여행팀을 맞이한 목사님 한 분에게서 온 항의 편지를 읽었다. 한 교회를 방문한 밴드가 주일 오전 예배를 토요일 밤 콘서트와 같은 음악으로 섬겼다고 했다. 맙소사, 지금은 크리스천 락CHRISTIAN ROCK이 새롭지 않지만 70년대 초에는 완전히 파격적인 음악이었다. 젊은 사람들은 토요일 밤 콘서트를 좋아했지만 같은 밴드가 주일 아침 예배에 참석한 연세 많은 성도님을 록 음악으로 한순간에 날려 버렸다. 그 목사님은 "이곳의 상황에 맞는 사역자를 보낼 수 없다면 이제 마라나타 뮤직을 초청하지 않겠다"고 했다. 척 목사님은 이렇게 말했다.

"나는 다시는 이런 편지를 받고 싶지 않습니다. 만일 여러분이 정말 예수님을 위한 음악가가 되고 싶다면 자기의 음악으로 다양한 사람을 섬기고 사랑하는 법을 배워야 합니다."

나는 남부 캘리포니아에서 살면서 9년간 갈보리 채플과 마라나타 뮤직에서 일하는 동안 음악 사역자에게 필요한 많은 것을 배웠으며 기독교 음악가로 사는 것이 무엇인지 그 의미를 깨달았다. 기독교 음악가가 되는 것은 내 힘도 아니고 능력도 아니며 아주 멋진 곡을 연주하는 것도 아닌 성령의 인도를 따라 살면서 세상에 영향을 끼치는 것을 의미했다. 우리를 인도하며 가르치고 멘토링 한 많은 목사님과 멘토들을 통해 우리는 변화되었다.

각자의 삶에 적절한 가르침을 줄 영적으로 존경받는 멘토가 필요하다는데 여러분이 동의하리라 생각한다. 우리는 마음을 열고 이 사실을 받아들여야 한다. 물론 이런 필요와 생각을 실천에 옮기기는 쉽지 않지만 하나님은 겸손한 마음을 품고 멘토의 충고와 가르침, 견책과 순종을 듣고 배우는 사람을 축복하신다. 우리는 다른 사람의 조언을 받지 못하는 고립된 사역자들이 음주, 성적인 문제, 재정 문제로 몰락한 이야기를 잘 안다.

우리는 고개를 흔들며 이렇게 말한다. "아니 어떻게 겉보기에 이렇게 멀쩡하고 경건한 사람이 그런 일을 저질렀을까?" 하지만 나는 돌을 던지고 싶지 않다. 왜냐하면 나 역시 부족하고 연약하기 때문이다. 그 사람들과 내가 다른 점은 내 몸부림치는 시간 속에 현명한 멘토가 함께했기 때문이다. 사도 바울은 갈라디아서에서 이렇게 말한다.

> 형제자매 여러분 어떤 사람이 어떤 죄에 빠진 일이 드러나면 성령의 인도하심을 따라 사는 사람인 여러분은 온유한 마음으로 그런 사람을 바로잡아 주고 자기 스스로를 살펴서 유혹에 빠지지 않도록 조심하십시오. (갈 6:1, 새번역)

현명한 멘토들은 충실함과 사랑으로 멘티를 훈계하며, 멘티가 그 훈계를 받아들일 때 생명을 얻을 것이다.

결정적인 순간

내 삶에 가장 중요한 멘토링 관계는 내가 네덜란드 암스테르담의 YWAM^{YOUTH WITH A MISSION}에 선교사로 있을 때 일어났다. 당시 나는 완벽하게 처리하지 않으면 완전히 몰락할 몇 가지 개인적인 어려움에 빠져 있었다. 비록 내 마음과 감정이 하나님을 이해할 수 없을 때도 하나님의 방법이 최선임을 믿으며 모든 것을 내려놓고 하나님께 완전히 맡기고 신뢰했다. 나는 잠언 3장 5절에서 7절을 여러분이 좋아하는 성경 번역으로 읽어보길 추천한다. 나는 확대역 성경 번역을 좋아한다.

나의 마음과 감정을 사회가 이해하지 못해도 여호와 하나님을 신뢰하고 그의 말씀을 신뢰하라 ; 그때에 내가 찾던 삶을 찾을 것이고 완전한 평화와 바른 관계를 찾을 것이다. (확대역 성경)

5 너는 마음을 다하여 여호와를 신뢰하고 네 명철을 의지하지 말라 6 너는 범사에 그를 인정하라 그리하면 네 길을 지도하시리라 7 스스로 지혜롭게 여기지 말지어다 여호와를 경외하며 악을 떠날지어다. (잠 3:5-7 개정)

내 사역 초기에 하나님은 마태복음 한 구절을 내 삶의 말씀으로 주셨고 나는 이 말씀으로 찬양을 만들었다.

그런즉 너희는 먼저 그의 나라와 그의 의를 구하라 그리하면 이 모든 것을 너희에게 더하시리라. (마 6:33)

그러던 어느 날, 나를 잘 알던 멘토가 찾아와서 단도직입적으로 내가 어떤 죄의 유혹에 굴복한 것은 아닌지 물어봤을 때 나는

"딱 걸린" 것 같아 당혹스러워서 거짓말로 부인했다. 아주 길게 나 자신을 변호하고 정당화하면서 오히려 하나님이 내 상황을 이해하지 못하실 뿐만 아니라 너무 야박하다고 불평했다. 하지만 나는 결국 하나님이 나에게 원하시는 것이 변화라는 것을 인정했다. "그래... 이제 멈추자!" 나는 그 문제를 잘 다뤄야 한다는 것을 알았지만 도무지 용기가 나지 않아 주저했다. 그때 멘토가 나를 격려하며 문제에 직면하고 맞서도록 도와주었다. 나에게는 "안전한 장소"가 필요했고 멘토는 나에게 안전한 장소를 제공했다.

멘토의 지지와 격려와 도전 속에서 나는 하나님과 홀로 있으면서 하나님이 나에게 또 다른 진실을 가르쳐 주시는 것을 깨달았다. "하나님은 사랑하는 사람을 훈련하신다." 이제 내가 훈련의 시간에 들어갈 차례였지만 정말 고통스러웠다. 내 안에는 뽑아내야 할 아주 깊은 죄의 뿌리가 있었다. 나는 며칠 후 멘토에게 돌아가 내 연약함을 "자백"했다. 나 자신을 믿을 수 없었다. 그렇게 위선을 증오하며 자신 있게 다른 사람의 본보기라고 말하던 나, 카렌 레퍼티의 실체는 사실 형편 없었다. 내 자존감은 더이상 떨어질 수 없을 만큼 추락했다.

실의에 빠진 나에게 멘토 부부는 다음 해에 있을 상담과 치유학교 일정을 자세히 설명해 주었다. 고난은 마치 쌉쌀하지만 단맛이 나는 것처럼 나에게 힘든 시기에도 사랑으로 함께하는 이들이 있다는 사실과 주 안에서 긍정하는 것이 겸손임을 깨달았다. 때로는 사역에서 한발 뒤로 물러나 하나님과 더 깊은 관계를 이루는 것이 미래를 위해 튼튼한 기초를 세우는 것임을 깨달았다.

나는 멘토 부부가 긴 안목으로 나의 부르심과 부르심을 이루는 과정에서 내 안에 선한 일을 하시는 하나님의 신실하심(빌 1:6)을 믿어준 것에 감사하다. 내 멘토는 내가 매우 힘들고 어렵다는 것을 알고 나에게 흔들림 없고 굳건한 사랑으로 부드럽고 친절하게 대했다. 멘토는 정기적으로 나를 만나서 내 내면의 문제를 나눌 기회를 주었다. 그저 고민과 속마음을 말할 수 있다는 것이 나에게 한 줄기 빛과 같았다. 멘토는 내 고민을 듣고 어떤 부분은 자신이 부족하다는 것을 인정하고 더 깊은 단계로 날 이끌어 줄 상담자들을 추천했다. 멘토는 내가 어떻게 해야 할지 답을 주기보다는 내가 결정하도록 도와주었다. 왜냐하면 내가 내리는 모든 결정의 책임은 나에게 있기 때문이었다.

내 일과는 YWAM 공동체 주방에서 봉사하면서 정기적인 상담을 받고 의전팀을 섬기며 하나님과 독대하는 시간을 보내는 것이었다. 또 막 마약과 매춘에서 벗어난 젊은 아기 엄마와 함께 살면서 아기 엄마가 제자훈련을 받는 동안 아기를 돌보아 주기도 했다. 가장 힘든 것은 이미 예정된 한 달간의 북미 콘서트 여행을 취소하는 것이었다. 나는 이미 일정을 잡았던 교회에 편지로 내 인생의 근본적인 문제를 다뤄야 하므로 가기 어렵다고 솔직하게 고백했고 그들의 너그러운 이해와 격려의 답장을 받으면서 하나님의 사람들 안에서 믿음이 점점 성장했다.

돌아갈 시간

멘토는 내가 언제 사역으로 복귀할지 직접 조언하지 않았으며 내가 직접 내 삶의 중요한 결정을 하나님의 음성을 듣고 결정하도록 인도했다. 과연 내가 언제 다시 공식 사역을 시작할 적절한 때였을까? 나는 6개월간 "치유의 안식년"을 보낸 후 어느 날 멘토와의 정기 모임에서 자신 있게 말했다. "이제 다시 콘서트를 할 때가 된 것 같아요." 멘토가 대답했다. "오, 그래요? 주님께서 어떻게 말씀하셨어요? 기도 중에? 아니면 특정한 성경 구절로? 하나님의 말씀을 듣는 과정은 어땠나요?" 나는 대답했다. "주님 께서 많은 것을 알려 주셨다고 내가 느낄 때가 다음 단계로 나아가는 응답 같아요."

멘토는 현명하게 대답했다. "그럴지도 모르죠, 하지만 하나님과 좀 더 시간을 보내면서 확증해 달라고 기도하면 어떨까요?" 멘토는 부드러운 말로 정곡을 찔렀다. 솔직히 나는 빨리 사역에 복귀하고 싶은 마음이 컸기 때문에 내가 받은 감동을 확증하지 않았다. 멘토는 내가 알지 못한 것을 알았고 그것을 알려주었다. 다음날 나는 하나님의 음성을 들으려고 시간을 내서 기도했다. "주님, 주님께서 저를 부르셨습니다. 제가 언제 부르심을 다시 실천하기 원하시나요? 지금 당장 뭔가를 하고 싶은데, 주제넘은 일일까요?" 나는 사도행전을 읽어야겠다는 감동이 들었다. 내 눈에 사도행전 1:4절이 네온사인처럼 크게 들어왔다.

사도와 함께 모이사 그들에게 분부하여 이르시되 예루살렘
을 떠나지 말고 내게서 들은 바 아버지께서 약속하신 것을 기
다리라 (행 1:4)

약속하신 것을 기다리라! 내 영혼은 이 말씀이 하나님의 응답
임을 알았다. 나는 초대교회 신자들이 약속하신 성령을 기다리
면서 무엇을 했을까 궁금했다. 성경은 그들이 함께 예배하고 교
제하고 기도했다고 전한다. 곧 내 마음에 평안함이 물밀 듯이 몰
려왔고 말씀대로 YWAM 공동체와 예배하며 교제하고 기도하며
두 달이라는 시간을 보냈다. 교제와 예배와 기도는 이전부터 삶
의 한 부분이었기 때문에 전혀 힘들지 않았다.

그즈음에 네덜란드 YWAM을 섬기는 모든 간사가 하이데빅
HEIDEBEEKH에 모여서 스태프 컨퍼런스를 열었다. 우리는 예배할 때
하나님의 영광이 굉장히 강력하게 임하는 것을 느꼈고 내 멘토와
몇몇 지도자가 잠시 예배를 멈추고 나를 비롯해 몇 사람을 지목
하여 앞으로 불렀다. 지도자들이 나를 위해 기도할 때 내 삶의 부
르심이 확증되었다. 나는 주님께서 "지금이 그때다. 가라, 열방
에 나의 노래를 불러라"라고 말씀하시는 것을 느꼈다.

몇 달 전에 취소한 북미 콘서트 여행을 다시 시작할 시간이
되었다. 물론 그 후로 어떤 사역 요청도 받지 않았기 때문에 일정
은 백지상태였다. 하지만 일정을 좀 더 뒤로 넘기다 보니 거의 1
년 전에 예약한 독일의 성령 강림절 축하 행사가 있었다. 어제였

다면 이 행사도 취소했겠지만, 오늘부로 모든 것이 달라졌다. 이 행사는 내가 다시 공적인 사역으로 돌아가는 시작점이 되었다. 하나님 아버지의 약속을 기다린다는 말씀으로 나를 인도하신 손길이 정말 놀라웠다. 또 사역이 다시 시작된 날이 아버지가 약속하신 성령님을 환영하고 축하하는 성령 강림절이라는 것도 정말 놀라웠다. 하나님의 시간은 완벽하다!

만일 내가 연륜과 지혜로 무장한 멘토의 조언을 듣지 않았다면 어떻게 됐을까? 어떻게든지 뭔가를 했겠지만 많은 시행착오와 큰 상처를 경험했을지도 모른다. 멘토링 과정은 내 삶을 돌보시는 하나님의 거룩한 개입DIVINE INTERVENTION이었으며 멘토링 때문에 하나님의 치유를 경험하고 영적으로 성장할 수 있었다. 물론 모든 멘토링 시간이 항상 좋지는 않았으며 힘들거나 불편할 때도 있었지만 영원한 상급을 얻기 위한 바른 과정이었다. 이제 내가 겪은 일은 옛날이야기가 되었고 기독교 음악에도 많은 변화가 일어났다. 하지만 예수님은 어제나 오늘이나 영원히 동일하시며 하나님의 말씀과 우리를 인도하시는 성령님도 동일하시다.

음악 사역자가 되고 싶은 많은 청년 음악가에게 정말 필요한 것은 성숙한 멘토들이 사랑으로 격려하며 책임감을 느끼도록 가르치고 다음 세대가 설 자리를 만들어 주는 것이다. 목회자들과 기독교 음악가들이여, 여러분은 누구를 멘토링 하고 제자훈련 하는가? 이 글을 보는 청년 음악가들이여, 여러분은 누구에게 멘토링 받는가? 멘토링은 우리를 향한 하나님의 길이다. 멘토링을 통해 치유를 경험하고 하나님께서 우리를 부르신 길로 인도받아라. 자, 어서 빨리 좋은 멘토를 찾아라. 후회하지 않을 것이다.

카렌 래퍼티는 1948년 2월 28일 미국 뉴멕시코주 알라모고르도에서 태어났으며 10대 때부터 민속 음악, 행진밴드, 무대공연, 록그룹 등 다양한 음악 활동을 하면서 동부 뉴멕시코 대학에서 음악 교육을 전공했다.

카렌은 70년대 "지저스 뮤직"의 선구자 중 한명으로 성경 말씀으로 이루어진 세계적으로 유명한 "먼저 그 나라와 의를 구하라"[SEEK YE FIRST]라는 찬양을 작곡했으며 갈보리 채플에 있는 동안 마라나타 뮤직에서 녹음한 4장을 포함한 총 8장의 앨범을 발표했다.

카렌은 하나님께 음악 선교사[MUSICIANARY]로 부름 받았으며 하나님의 다음 세대 음악가들을 일으키기 위해 암스테르담 YWAM과 함께 MFMI[MUSICIANS FOR MISSIONS INTERNATIONAL]을 세워 지난 20년간 50여 나라에 다국적 음악팀을 이끌고 순회 사역을 했고 YWAM 열방대학에 School of Music In Missions을 발족했다. 지금은 고향인 미국 뉴멕시코주 산타페 YWAM을 감독하며 다음 세대를 멘토링 하고 있다.

7장

여행을 준비하기

MAKING THE JOURNEY

킴 젠티즈

1987년 나는 찌는듯한 여름에 캐나다 밴쿠버 공항에 도착해서 컨퍼런스 센터로 이동했다. 컨퍼런스 강당에 들어서자 예배 밴드가 연주하는 록 음악 스타일의 반주가 가득 울렸다. 음악은 생소했지만 가사와 선율은 신선했고 리듬과 연주는 내가 전에 들은 어떤 교회 음악보다 현대적이었기 때문에 기분 좋게 따라부를 수 있었다. 내가 가장 놀란 것은 예배 밴드의 하나 된 호흡과 예배 인도자의 탁월한 인도였다. 나는 함께 예배하면서 자연스럽게 마음이 열리고 점점 큰 소리로 하나님을 찬양하며 명백한 임재를 느꼈다. 예배 인도자가 기타를 치며 인도하는 모습은 소박하고 화려하지 않았으며 인위적으로 꾸민 모습이 전혀 없었지만 밴드의 음악은 맛깔났다. 나는 예배 인도자를 보면서 "그래, 저 모습이 하나님을 사랑하는 사람의 꾸밈없는 모습이야. 나도 저렇게 할 수 있을까."라고 속으로 생각했다.

그 순간 내 마음에 "너도 저렇게 될 거야."라는 생각이 떠올랐다. 나는 이 음성이 하나님의 즉각적인 응답이라고 생각했다. 하나님은 순식간에 내 손과 목소리와 모든 것으로 하나님을 예배하는 갈망을 내 마음에 심으셨다. 나는 이때 경험한 하나님의 응답을 지금도 잊지 못한다. 당시에는 몰랐지만 인상적인 예배 인도자는 유명한 앤디 파크ANDY PARK였다. 신기하게도 앤디의 예배 인도는 모든 회중을 예배에 불러모으는 "환영하는" 능력이 있었다. 앤디가 시종일관 회중을 초청하는 멘트를 했다는 의미가 아니다. 앤디는 시끌벅적한 무대 장악력이 아니라 소박한 예배 인도로 모든 회중이 적극적으로 예배에 참여하게 했다. 나는 그날 앤디를 보면서 예배 인도는 회중 안에 열정적인 소수만을 위한 것이 아니라 성령으로 충만케 되기 원하는 모든 사람이 참여하는 축제임을 깨달았다.

몇 달 후 나는 컨퍼런스에서 주님께 받은 감동을 실천하기 위해 기타를 배우기로 마음먹었다. 때마침 어머니가 소장하시던 오래된 기타를 보내주셔서 나는 간단한 코드 책을 사서 밴쿠버에서 처음 들었던 노래를 혼자 연주해 보려고 했지만 그렇게 쉽지 않았다. 얼마 지나지 않아 대학 생활의 압박 때문에 기타를 배워보려는 마음이 점차 식었다. 그런데 어느 날 우리 교회의 예배 인도자가 나를 포함한 몇 사람에게 기타를 가르쳐 주겠다고 말했다. 나는 속으로 "드디어! 이번엔 정말 잘해보자!"라고 소리쳤지만 슬프게도 세 번째 교습을 마친 후 예배 인도자가 중국으로 사역지를 옮겼다. 나는 밴쿠버 컨퍼런스에서 내 마음을 사로잡았던 노래들을 연주하려고 노력했지만 다른 사람의 도움 없이 혼자 연습하는 것은 너무 어려웠기 때문에 또 기타연주를 그만두었다.

2년 후, 나와 아내는 애리조나주 피닉스의 빈야드 교회^{VINEYARD} FELLOWSHIP를 출석하면서 다른 빈야드 소속 예배 인도자에게 기타를 배우기 시작했다. 나는 절대 놓치지 않겠다는 마음으로 열심히 해서 몇 달 후 기본적인 연주법을 익혔다. 때로 기타 연습이 힘들 때면 밴쿠버에서 느꼈던 하나님의 임재를 생각하면서 계속 연습했다. 우리 지역의 예배 인도자 몇 명이 모인 소그룹 모임은 기타를 조금이라도 칠 줄 아는 사람이면 누구든 함께 연주할 기회를 주었고 나는 나보다 더 잘 연주하는 사람들 사이에서 열심히 따라 했다. 얼마 후 나는 더 체계적인 교습을 받기 위해 수소문했고 지역 악기점에서 기타 선생님 한 분을 소개해주었다.

그렇게 몇 년간, 지역 교회의 회중 예배를 인도할 음악 지식과 기본적인 발성, 예배 인도법을 배우고 익혔다. 예배 인도를 위한 음악 지식과 기술이 깊어지면서 나는 주변에 이제 막 음악을 시작하는 사람들을 어떻게 도울까 고민했다. 조심스럽게 한 두 명을 만나보니 그들은 음악 지식만 필요한 게 아니라 다양한 도움이 필요하다는 것을 알았다. 팀 지도력, 예배 인도법, 사회성, 신학, 팀 사역, 심지어 가족과 직장, 건강한 삶을 사는 개인적인 보살핌도 포함했다.

목표가 있는 멘토링

나는 예배자와 지역 교회에서 충성된 청지기로서 예배 인도자가 되는 여정을 시작할 때 돕는 체계적인 멘토링이 필요하다고 생각했다. 어떤 사람들은 멘토링이란 단어를 들으면 산꼭대기 수도원에 숨어 살면서 고대의 지혜를 전수하는 수도자를 떠올리지만 이것은 내가 말하려는 멘토링이 아니다. 참된 멘토링은 겉으로 보이는 모습으로 평가하지 않고 멘토링의 목표를 향한 분명한 과정으로 평가한다. 멘토링에는 두 가지 의미가 있다.

● 멘토링은 항상 목표가 있다.
● 멘토링은 목표를 향해 전진하는 특징이 있다.

나는 지역 교회 예배 인도자 지망생을 돕는 과정에서 많은 시행착오 끝에 진짜 멘토링이 일어나려면 위의 두 가지가 반드시 있어야 한다는 것을 발견했다. 예를 들면, 내가 사는 지역에 우리 교회와 근처 교회를 포함한 많은 교회의 사람이 예배 인도를 위한 소그룹에서 음악 기능과 인도법을 배우고 싶어 했고 나는 이들을 위한 구체적인 목표를 설정했다. 멘토링으로 이들이 작은 규모의 회중을 대상으로 매주 예배를 준비하고 계획하며 인도할 준비를 시키는 것이었다. 하지만 또 다른 사람들은 큰 규모의 회중 예배 인도를 위해 그룹 리더십, 신학, 행정, 소통법을 지도해 달라고 요청했다.

나는 이렇게 다양한 목표를 가진 그룹을 인도하기 위해 각 그룹에 맞는 구체적인 목표를 세우고 모인 사람들에게 과정의의미를 설명했다. 그리고 각 사람의 상황과 이해에 따라 어떤 사람에게는 악기 연주, 발성, 편곡 기술을 포함한 철저한 음악 훈련이 필요하며 또 다른 사람에게는 어떻게 위험 요소를 줄이면서 관계를 기회로 만들어 함께 배우고 실수를 기회로 바꾸는지 보고 듣고 연습할 실용적인 본보기가 필요하고 또, 다른 사람에게는 지역 교회에서 예배와 사역을 포함한 더 넓은 신학적, 목회적 양상을 이해하도록 가르쳐야 한다는 것을 깨달았다.

멘토링의 구조

다양한 대상과 필요에 따라 우리는 효과적인 멘토링을 위해 각 상황에 반복 사용이 가능한 계획을 세웠다. 20년간 많은 시행착오 속에서 100~150명의 사람을 일대일 코칭, 음악 훈련, 기타 교실, 협동 지도, 교육, 특별 행사, 소그룹 혹은 팀 참여로 멘토링을 성공적으로 진행했다. 이 과정에서 우리는 지역 교회에서 예배 인도의 부르심을 받은 사람들이 발전하도록 돕는 성공적인 멘토링 환경의 세 가지 필수 구성요소를 발견했다.

1. 초대와 환대 2. 훈련과 자원 3. 관계와 기회

세 구성 요소는 직선 구조가 아니며 특정한 상황에 따라 부분적으로 겹치지만 예배 인도자 훈련을 돕는 성공적인 멘토링 진행을 위한 필수요소다.

초대와 환대

나는 벤쿠버 컨퍼런스에서 하나님으로부터 예배 인도자로 부르심 받았다. 만일 당신이 예배 인도자라면 나처럼 하나님의 부르심을 확인하는 순간이 있었을 것이다. 우리는 하나님의 초대로 부르심을 확인하고 새로운 길로 들어선다. 우리 삶에 하나님의 초대와 환대는 다양한 방식으로 나타난다. 어쩌면 목사님이나 선임 예배 인도자가 당신에게 직접 다가와 예배 인도를 하도록 권면할 수도 있고 혹은 혼자 성경을 읽으면서 히스기야의 고백(사 38:20)이나 시편 기자의 고백(시 96:3)을 보면서 하나님의 부르심을 확신할 수도 있다. 모든 예배 인도자와 사역자는 섬김의 과정으로 이끈 하나 혹은 그 이상의 다양한 초대와 환대의 경험이 있다.

환대의 문화

지도자들과 멘토들은 회중이 성령의 부르심을 따라 예배 인도에 응답하는 공동체 문화를 만들기 위해 회중에게 성령님의 기름부음 넘치는 영감 가득한 순간을 상기시키며 적극적으로 초대해야 한다. "여러분은 이 지역교회의 일원입니다." 이것은 누구든지 모든 활동에 마음대로 참여한다는 의미가 아니며 지역교회의 비전과 규모, 구조에 따라 크게 달라진다. 당신이 다른 사람을 멘토링 하고 싶다면 "환대의 문화와 정신"이 필요하다. 내가 밴쿠버 컨퍼런스에 참석해서 예배할 때, 누군가 나에게 설명하지 않았지만 예배 인도자의 예배 인도로 다음과 같은 예배 사역의 핵심 메시지를 이해했다.

- 예배는 성령의 부르심을 받은 이들에게 열려있다.
- 예배는 특별한 "소수"만을 위한 것이 아니다.
- 인도자의 지도력은 다른 사람을 통해 재현할 수 있다.

만약 당신이 다른 사람을 멘토링 하는 부르심을 받았다고 믿는 지역교회 예배 인도자라면 환대의 정신과 문화를 이해해야 한다. 공동체가 특별한 소수만을 위한 "비밀 클럽"처럼 느끼는 배타적인 분위기로 가득한 교회는 "강단에 선 사람과 좌석에 앉은 사람", "소수의 재능 있는 내부자와 그냥 보통 예배자"처럼 서로를 끊임없이 비교하면서 누군가는 우월하고 누군가는 열등하다고 느끼는 문화를 만든다. 이런 문화는 진실하게 섬기는 지도자보다 아메리칸 아이돌 같은 지도자를 원한다. 그러나 환대의 정신은 사람들이 서로 친밀하게 연결된 것을 확신하는 "환대의 문화"를 만든다.

나는 아내와 몇 달 전에 소그룹을 시작했다. 나는 지역교회 예배 사역의 일원이기 때문에 음악인들과 쉽게 연결되는 편이지만 이 소그룹에서는 이제 막 음악에 관심을 두고 배우려는 사람들을 더 환영했다. 때로는 음악과 전혀 상관없이 예배의 열정을 나누려고 찾아오는 사람도 있었다. 내 소망은 음악을 잘하는지 못하는지 상관없이 사람들이 동참하는 것이다. 지속해서 사람들에게 초대와 환대의 이유를 설명하며 격려하면 지적당하거나 거절당할 걱정 없이 편하게 모임에 참여할 수 있다. 소그룹의 목적인 예배를 위해 나는 좋은 노래를 선곡하고 예배를 인도하면서 각 사람의 음악적 관심과 재능과 기쁨이 무엇이든 동참하도록 격려했다. 이 초대와 환대는 내 목적이 훌륭한 음악가를 찾는 것이 아니라 사람들이 '환대의 정신과 문화'를 맛보도록 돕는다.

결론적으로 초대와 환대의 정신과 문화는 참여자들이 예배 사역을 향한 부르심을 안정감 속에서 찾을 수 있는 문화를 만든다. 내 말을 오해하지 않기 바란다. 나는 음악과 지도력이 중요하지 않다거나 버려야 한다고 말하는 것이 아니다. 예배의 열정과 음악적 이해 없이 반신반의하는 태도로 소그룹에 참여한다고 그리스도의 몸이 되는 것은 아니다. 예배는 지역 교회 공동체가 하나님과 서로 교제하는 것이다. "성찬COMMUNION"이란 단어는 우리의 공통된 화합의 표현이다. 예배는 우리의 마음을 낮춰 그리스도를 닮아가는 여정을 같이 하는 하나님의 가족과 주님께 영광 돌리는 것이다.

목표가 있는 초대

교회에서 자신의 재능과 은사를 개발하는 데 필요한 질문을 불편함 없이 할 수 있는 문화가 있으면 사람들의 자발성이 높아지고 적극적으로 참여한다. 용납하는 분위기와 편한 문화는 소그룹부터 연령별(어린이, 청소년, 청년 등) 그룹, 여성 및 남성 그룹, 주일 아침, 선교여행 등 모든 환경에 필요한 잠재적인 예배 인도자를 세우는 데 많은 도움이 된다. 목표가 있는 초대란 지도자가 환대하는 문화를 넘어 예배 인도자로 부르심 있는 개인을 구체적으로 초대하는 것이다. 환대의 정신과 문화가 좋은 또 다른 이유는 예배 인도자의 부르심을 이루려는 간절한 사람들을 발견하기 쉽다는 점이다.

이 책의 다른 장에서 잠재적인 예배 인도자를 어떻게 알아보고 도울지 설명하기 때문에 여기서는 다루지 않겠지만 한 가지만 덧붙여 말하자면, 만일 당신이 누군가를 멘토링 해야겠다는 확신이 섰다면 다음 부분을 고려해야 한다. 당신의 멘토링 초대는 지역 교회나 공동체의 기준과 문화적 특성을 거스르면 안 된다. 예를 들어 어떤 교회는 멘토링을 하려면 상호 간의 확실한 합의 여부와 구체적인 일정을 문서로 주고받는 과정이 필요하기도 하며 또 다른 교회는 근처 커피숍에서 비정기적으로 만나 편하게 일상과 신앙, 하나님의 부르심을 나누는 것을 멘토링이라고 한다.

나는 예배 인도자 멘토링의 첫 단계가 하나님께 예배 인도자의 부르심을 받았다고 믿는 사람과 대화를 시작하는 것이라고 생각한다. 내가 비교적 젊었을 때 직접 겪은 이야기를 나누고 싶다. 그때는 1992년이었다. 나는 아직도 배울 것이 많았지만 몇 년간 예배 인도를 섬기면서 인생에서 겪은 몇 가지 상황(20대, 신혼, 부모가 되기) 속에서 많은 예배 곡을 썼다. 내가 쓴 곡은 개인적으로 하나님을 찬양하는 내용이지만 그중에 한 곡이 우리 지도자 중에 영향력 있는 사람에게 전해졌고 그가 내 곡을 빈야드 예배 앨범에 수록하겠다고 결정하고 나에게 빈야드 본부가 있는 캘리포니아 애너하임에 와서 직접 노래를 녹음해 달라고 부탁했다. 솔직히 나는 정말 신이 났다. 이럴 수가! 내 노래가 음반으로 나온다고? 믿어지지 않았다.

나는 앨범을 녹음하는 날 아침 7시 30분쯤 스튜디오에 도착했다. 너무 일찍 도착했기 때문에 몇 시간을 기다린 후에야 담당자들이 도착해서 녹음을 시작했다. 또 몇 시간이 지나고 프로듀서가 나에게 "킴, 당신 차례에요. 이제 들어가세요."라고 말하는 순간 멀게 느껴진 모든 것이 실제가 되었다. 나는 신나기보다 긴장감에 머리가 지끈거렸으며 안절부절못했고 녹음실에 들어가서 몇 분간 어색하게 목을 풀고 막상 마이크 앞에서 이상한 소리를 냈다. 나는 자신을 통제하기 어려웠다.

녹음실 안에서 정신을 가다듬고 밖을 보니 프로듀서 뒤에 앉은 손님 두 명이 보였다. 빈야드 연합의 설립자인 존 윔버와 아내 캐롤 윔버가 최신 앨범 녹음을 보려고 스튜디오에 온 것이다. 존은 얼굴에 미소를 띠었고 캐롤은 열심히 뜨개질을 했다. "존 윔버가 내 녹음을 지켜보다니.." 나는 더 떨려서 땀이 바닥에 뚝뚝 떨어지는 것 같았고 정확한 음과 박자가 헷갈렸다. 나는 편곡자들이 내 노래를 편곡해서 힘들다고 생각했지만 그건 핑계였을 뿐이며 진짜 문제는 처음 녹음에서 오는 긴장감 때문이었다.

존 윔버가 믹싱 룸에서 내 긴장을 알아차리고 녹음실 안으로 머리를 살짝 내밀고 웃으며 말했다. "점심 먹으러 갑시다." 존은 스튜디오 직원들과 나를 근처 레스토랑으로 초대해서 내 가족 구성과 삶이 어땠는지 물어본 후 스튜디오에서 녹음하는 몇 가지 비결을 알려주었다. 그리고 옆에 앉은 프로듀서에게 내가 낼 수 있는 음과 없는 음을 잘 구분하라고 조언했다. 또 존은 내가 하는 일이 무엇인지 질문했다. 나는 소프트웨어 관련 직업이며 별로 중요하지 않다고 말했지만 오히려 존은 나에게 "하나님께서 당신에게 주신 재능과 마음에 주신 열정이 무엇이든 의미가 있기 때문에 최선을 다해야 한다."고 조언했다. 점심 식사 후 스튜디오로 돌아와서 존은 나에게 잘 녹음을 잘 마칠 것이라고 격려한 후 떠났다. 나는 존 윔버가 시종일관 보여준 겸손한 태도 속에서 내 삶에 어떤 것이든 하나님이 주신 부르심이라는 것을 마음 깊이 새겼으며 무엇을 하든 최선을 다하기로 마음먹었다.

나는 1년이 조금 지난 후, 존 윔버와 다른 빈야드의 중요한 예배 인도자들과 예배곡 작곡자 모임을 위해 캘리포니아 애너하임에 다시 초청받았다. 그곳에서 애너하임 빈야드 교회의 예배 인도자인 앤디 팍을 만났다. 앤디는 나를 점심식사에 초대해서 내가 어떻게 지내는지, 예배 사역은 어떤지 물어봤다. 그 후 몇 년간 나는 앤디와 언제든 필요할 때마다 서로 전화로 소식을 주고받았다. 당시에 나는 젊은 예배 인도자로서 배울 것이 많았는데, 앤디는 그때마다 내가 예배와 인생에서 배워야 할 것을 알려주고 친절하게 격려했다. 나는 앤디와 직접 만난 적은 적었지만 앤디는 효과적인 멘토링의 중요성을 이해하는 데 큰 도움을 주었다. 앤디 파크와 존 웜버는 내가 예배의 여정이라는 특별한 부르심을 살도록 초대했다.

나는 1994년부터 2002년까지 지역 교회 예배 사역을 위해 악기, 발성, 예배 인도법을 포함한 훈련 과정을 열었다. 나는 분명한 목표를 가지고 소그룹으로 모인 열정적인 훈련생이 다양한 환경에서 예배를 인도하는 능력을 키우도록 멘토링 하면서 "환대의 정신"과 "목적 있는 초대"가 멘토링의 든든한 기초인 것을 확인했다. 몇 년 전 내 지역교회에서 멘토링 기회가 다시 생겼지만 아내와 나는 이사할 예정이어서 6개월 밖에 시간이 없었다. 나는 나에게 기타를 배우는 청년에게 예배 인도의 부르심이 있다고 느꼈기 때문에 그 청년을 점심 식사에 초대했다. 존 웜버와 앤디 팍이 나를 격려한 것처럼 나도 그 청년을 격려하면서 남은 시간을 사용했다. 우리가 이사하고 몇 년 후, 내가 살던 지역에서 온 친한 성도님이 내가 멘토링한 그 청년이 자기 교회에서 매우 탁월하게 예배 인도를 한다는 사실을 알려주었다. 얼마나 기쁜지!

사람들이 예배를 인도하도록 멘토링 하려면 초대와 환대 외에도 실제적이고 실용적인 기술을 개발하는 훈련과 자원을 사람들의 상황과 환경을 파악하고 필요한 도움을 주면서 실수해도 성장할 기회가 있는 분위기와 문화를 제공해야 한다. 비록 이번 장에서 훈련과 자원, 관계와 기회를 충분히 다루지 못했지만 이 책의 다른 장에서 부족한 부분을 다룰 것이라고 생각한다. 나는 여러분의 사역을 위해 이 책에서 감동한 부분이 있다면 얼마든지 적용하기 바란다.

앞에서 존 웜버가 나에게 했던 조언을 기억하는가? 나는 내 인생에서 자원을 제공하고 훈련하는 것이 단순한 소망이 아니라 특별한 재능임을 깨닫고 교회에 예배 자료를 제공하는 소프트웨어 개발과 온라인 자원을 구축하는 데 집중했으며 그 결과 WorshipTogether.com, WorshipTeam.com, WorshipMusic.com 같이 좋은 예배 사역 지원 홈페이지를 만들어서 수천 개의 지역교회를 섬겼으며 몇 곳의 예배 자료 개발 회사와 일했다.

현재도 나는 여전히 계속해서 새로운 것을 배우면서 사람들을 멘토링 한다. 환대의 정신과 목표 있는 초대가 나와 일한 많은 사람이 예배 인도자가 되는 기초가 되었으며 그 여정은 지금도 계속되고 있다. 나는 당신이 멘토링 속에서 부르심 있는 멘티를 발견하고 분별할 때, 성령께서 주시는 감동과 지역 교회 공동체의 문화가 잘 어우러지도록 기도한다.

킴 젠티즈는 현대 예배의 중심에 있다. 킴은 예배 인도자, 작사 작곡가, 레코딩 아티스트, 프리랜서 작가로 미국과 캐나다 전역에서 예배 인도자와 설교자로 활동한다.

킴은 예배 인도자와 예배팀이 창의적으로 사역하는데 필요한 도구를 만드는 사역에 앞장서 왔다.

킴은 애리조나주 피닉스와 테네시주 내슈빌 빈야드 교회에서 예배 인도 사역을 했고 지금은 아내 캐럴과 세 자녀(삼형제)와 애리조나주 피닉스에 산다. www.KimGentes.com에서 더 많은 것을 찾아볼 수 있다.

8장

예배 101

WORSHIP 101

지넬 리더

8월 아침, 18명의 중고생이 강단 위에서 회중에게 인사했다. 몇몇은 수줍은 미소를 지었고 몇몇은 기대감 넘치는 표정으로 회중을 바라봤으며 몇몇은 긴장했다. 어린 학생들은 지금, 이 순간을 위해 최선을 다해 준비했다. 곧 키보드가 크게 울려 퍼지며 첫 번째 코드를 연주했고 뒤를 이어 강한 드럼 박자와 회중의 박수가 터져 나왔다. 스크린에 배경 화면과 가사가 나오자 7명의 싱어가 힘차게 노래했고 기타, 피아노, 바이올린, 비올라, 콩가(타악기)가 합류하면서 음향팀의 젊은 자원봉사자들은 음향 믹서의 노브와 슬라이더를 민첩하게 조절했다.

갓난아기부터 어른, 20대, 할머니 할아버지가 함께하는 예배는 기쁨으로 달아올랐다. 우리는 같이 찬양하고 의미심장한 성경 구절을 같이 읽고 묵상했으며 아이들의 정성 어린 기도에 마음으로 "아멘"이라고 화답했다. 우리의 여름 일상을 담아낸 영상을 보며 미소 지었고 모든 세대가 함께 주님을 찬양하자는 고백을 들으며 고개를 끄덕였다. 이 청소년들과 보낸 몇 개월간 우리는 항상 행복했다. 자기가 시작한 일을 끝까지 완성하겠다는 약속을 지켜낸 아이들이 너무나 사랑스러웠다. 그들은 우리에게 영감을 주고 도전하며 깊은 감동을 주었다.

예배 101의 시작

앞선 모습은 우리 교회에 잊을 수 없는 추억을 남겨준 예배 101의 모습이다. 사실 예배 101은 약간의 실망과 좌절 때문에 시작했다. 나는 우리 교회의 예배 책임자로서 매달 4개의 예배 팀과 만났다. 이 만남에서 계속 되풀이된 주제는 우리 교회의 청소년들이었다. 교회의 청소년들에게 참된 예배를 알려주고 그들의 재능으로 교회를 섬기는 것이 중요하다고 아무도 알려주지 않았다. 그러던 어느 날 깜짝 놀랄만한 생각이 떠올랐다. "잠깐만요, 어쩌면 우리가 이 문제로 고민하는 것 자체가 하나님이 말씀하시는 것인지도 몰라요." 그리고 또 다른 생각이 뒤를 이었다. "이번 여름이 우리 아이들과 예배할 가장 좋은 시기에요! 이번 여름에 우리 교회의 모든 청소년을 초대해서 함께 하면 어떨까요? 우리를 도와줄 자원봉사자들도 모집하고요!"

● 청소년들과 맛있는 것을 먹고 친해지기

- 함께 예배와 섬김의 의미를 찾기
- 교회의 모든 예배 준비를 위한 워크숍과 예행연습하기

이런 생각이 머릿속에 가득 차서 가만히 있을 수 없었다. 우리는 우리에게 기쁨과 고민, 한계와 도전을 선물할 모험에 뛰어들었다. 우리는 이것을 "예배 101"이라고 불렀다.

예배 101의 목표

우리의 목표는 교회 청소년들, 다음 세대가 하나님이 주신 재능과 은사로 교회를 섬기고 온전히 하나님을 예배하는 예배자로 살도록 소원을 심어주는 것이다. 예배는 교회의 사역 중에 "가장 중요한" 사역이기 때문에 당회에 강단을 사용할 권한을 위임받았다. 초대 교회를 보면 수많은 사람이 빌립이 선포하는 말과 행하는 기적을 보고 기뻐했다. 하나님의 나라와 사역이 뜨겁게 달아오르며 최고조에 달하는 순간, 하나님은 빌립을 열광적인 회중에서 적막한 사막 한가운데로 보내셨다. 정말 극적인 변화였다.

거룩한 사명이 하나님의 부르심에 순종한 빌립을 기다렸다. 에티오피아 여왕의 궁중 내시가 수레에 앉아 이사야서를 읽고 있었다. 빌립이 성령에 이끌려 그에게 달려가 질문했다. "지금 당신이 읽는 것을 이해하십니까?"(행 8:30) 내시의 짧은 대답 속에 불편함과 분노가 깔려있었다. "나를 지도해주는 사람이 없는데 어떻게 이해할 수 있습니까?"(31절) 내시는 혹시나 이 낯선 남자

가 답을 줄지도 모른다는 실낱같은 희망으로 즉시 빌립을 옆에 앉히고 질문을 퍼붓기 시작했다. 빌립이 입을 열어 성경이 증거하는 예수를 가르쳐 복음을 전하자(35절) 내시는 복음을 믿었다. 새로운 믿음이 주는 억누를 수 없는 열정으로 가득 찬 내시는 물 있는 곳을 보고 그 자리에서 빌립에게 세례를 받았다.

그해 여름 우리에게 일어난 일이 이 이야기와 비슷했다. 빌립처럼 나는 예배 책임자로 눈에 띄는 자리에 있었는데 하나님께서 "나는 네가 여기에서 섬기기를 원한다. 네가 순종하면 더 많은 것을 알려주겠다."라고 말씀하셨고 우리가 순종하자 교회는 우리를 전적으로 지원했다. 청소년과 청년들은 마치 에티오피아 궁중 내시처럼 우리가 그들에게 나누려 한 것을 미리 아는 것처럼 열렬히 기대하며 받아들일 준비가 되었다. 우리가 순종하고 움직이자 하나님이 직접 청소년과 청년들을 끌어안고 전심으로 하나님을 예배하고 섬기는 것이 무엇인지 보여 주셨다.

준비

우리는 예배 101 프로그램을 진행할 첫 여름이 다가오자 우리를 사로잡았던 멋진 아이디어를 시작했다. 그 과정은 마치 숨을 헐떡이는 거친 야생마가 질주하는 모습처럼 보일 정도여서 우리는 일을 하면서 수없이 "도대체 우리가 뭘 하는 거지?"라고 이야기했다. 우리는 이 과정을 통해 사역을 시작하고 준비하고 진행하는 방법을 터득했다. 우리가 배운 몇 가지 교훈을 소개한다.

핵심 인도자들과 함께 기도하면서 계획을 세워라

제일 먼저 예배 101을 성공적으로 진행하기 위한 헌신을 이해하고 집중적으로 시간을 투자하며 올인 할 팀을 모았다. 우리는 첫 번째 예배 101을 진행하면서 진행팀이 일하기 몇 달 전부터 미리 기획하고 기도해야 함을 깨달았다. 물론 어떤 일이든 모든 돌발 상황을 다 예측하는 것은 불가능하지만 프로그램을 시작하기 전에 미리 점검 목록을 확인하면 혼란이 줄어든다. (부록 A 예배 101 진행팀 계획 점검 목록을 참고하라)

자원봉사자를 모집하고 격려하라

프로그램을 도울 자원자가 많을수록 좋다! 든든하고 넉넉한 자원봉사팀은 교회 사람들과 더 많이 연결되었다는 의미이며, 교회 공동체의 적극적인 지원으로 자원자들이 탈진하는 것을 막는다. 하지만 잘못된 자원자들은 해를 끼치기 때문에 진행팀은 자원봉사자가 가져야 할 5가지 마음 기준을 정했다.

1) 사랑 : 하나님을 향한 사랑으로 청소년을 사랑하고 섬겨라.

2) 믿음 : 하나님이 역사하셔야 믿음이 생긴다. 우리는 하나님께서 청소년들의 마음과 생각을 바꾸고 그들의 삶을 사용하시도록 믿음으로 기도한다.

3) 열정 : 하나님을 예배하는 열정으로 청소년들을 섬겨라.

4) 헌신 : 다음 세대를 예배 인도자로 추천하는 것만으로는

부족하며 자원자가 최선을 다해 청소년을 섬겨라.

5) 세심함 : 세심한 마음으로 청소년들과 소통하라. 애정 어
린 마음으로 다가가라.

우리는 자원봉사자를 모집하기 위해 먼저 예배 사역팀(연주자,
싱어, 음향기술, 창의적 예술)을 찾아가서 우리의 계획을 설명하고
주님의 일에 동참해 달라고 부탁했다. 하지만 예배 사역팀에만
자원봉사자를 제한하지 않고 교회 공동체의 더 많은 사람이 예배
101에 동참하도록 다양한 역할을 만들었다.

● 학생 후원자
● 기도의 용사
● 식사 계획 및 지원자
● 설치 및 정리 봉사자
● 조별 모임 인도자
● 조별 모임 도우미
● 토론 인도자
● 홍보, 등록, 웹 홍보, 소통을 돕는 역할 등(자원자의 책임,
학생후원자, 조별 모임 인도자, 토론 인도자의 자세한 사항은 예배
101-부록 B 참조)

우리는 어느 정도 자원봉사자들이 모였을 때 함께 모여 자원

봉사자들에게 필요한 마음과 책임을 전달했다(예배 101을 위한 자원봉사자의 마음가짐과 책임-부록 C 참조).

청소년을 초대하고 도전하라

우리가 처음 예배 101 프로그램을 기획할 때부터 우리의 모든 것이 믿음의 모험과 도전이었다. 과연 아이들이 얼마나 모일까?

누가 올까? 모인 아이들이 변화될까? 우리는 예배 101을 공식 발표하기 전에 참여 대상을 논의했고 중고등부에서 20대 초반까지 포함하기로 했으며 참여하는 학생들이 자기 친구들을 동의하에 데려오도록 허락했다. 모든 참가자가 음악 실력이 좋을 필요는 없지만, 악기 연주 희망자는 기본적으로 악보와 코드를 읽어야 했다(무료 음악 수업은 제공하지 않았다).

우리는 참여 대상을 확정하고 포스터와 전단, 이메일과 문자, 페이스북 초대, 사전공지, 간판 광고, 개인 초대장을 발송한 후 참가 대상 학생과 부모를 초청하는 모임을 열어 예배 101의 비전을 전달하고 참여를 부탁하기로 했다. 첫 모임 날 밤 장소를 가득 채운 학생과 부모의 표정에 기대감이 넘쳤다. 조용하고 내성적이지만 좋은 기타 실력이 있는 학생과 타악기를 연주하는 두 형제가 왔고 피아노를 연주하는 소녀는 이미 하나님을 찬양할 준비가 끝난 것처럼 보였다. 두 명의 드럼 연주자 중 한 명은 헌신적인 노력형이었고 또 다른 한 명은 분주하면서도 성실했다. 새로 발견한 보컬 소녀는 예배에서 자기만의 목소리를 발견했다.

예배 101 진행팀은 예비 모임 참여자를 큰 원으로 둘러앉힌 후 같이 심호흡을 하고 모임을 시작했다. 우리는 예배 101의 목적을 설명하고 개인 예배 여정을 나눈 후 프로그램 전체 개요를 설명하고 참가자가 지켜야 할 기준과 책임도 자세히 설명했다. (학생/부모를 위한 예비 모임을 위한 자료 예배 101 - 부록 D 참조. 학생 정보 위임 자료 예배 101 - 부록 E 참조) 모임의 막바지에 이르러 우리는 참여한 학생과 부모님에게 집에 가서 참가 신청서를 놓고 기도해 달라고 권면했다. 결국 예비 모임에 참여한 25명 중 2명을 제외한 모든 학생이 참가 신청서를 제출했다. 정말 신기했다.

안장을 단단히 채워라

나는 예전에 남편 그렉이 러스티라는 젊고 힘 있는 말을 타는 모습을 지켜본 적이 있다. 나는 길 한쪽에 서서 남편이 러스티의 등에 196cm 크기의 수레 끄는 틀을 걸치는 것을 지켜보았다. 남편이 러스티의 등에 틀을 걸치는 순간, 화가 난 러스티는 틀을 팽개치고 말발굽에 불이 붙은 것처럼 질주했다. 러스티는 간신히 매달린 그렉이 떨어지든 말든 급하게 방향을 틀어 달렸다. 러스티는 그날 오후 내내 들판에서 아무 방해 없이 이러저리 뛰어다녔고 그렉과 나는 응급실에서 러스티의 안장을 단단히 채우지 않은 것을 후회했다. 우리도 첫 번째 예배 101을 진행 하면서 여러 번 균형을 놓쳤지만 하나님의 선하신 은혜로 몇 가지 중요한 교훈을 배웠다.

● 프로그램을 진행하면서 계속 소통하라. 인도자, 자원봉사자, 청소년, 교회와 계속 소통하라. 추측하지 말고 소통하라.

● 프로그램 진행 중에 문제가 생겼을 때 재빠르게 대처하도록 운영팀을 체계화하고 팀마다 분명한 역할과 책임을 줘라.

● 즉흥적인 상황에 유연하게 대처하라. 만일 5명의 타악기 연주자가 모두 드럼을 연주하려 하거나, 기타 연주자가 리듬을 맞추지 않거나, 어떤 악기가 잘못된 조로 연주하거나, 지나치게 자신만만한 보컬을 어떻게 해결할지 미리 생각하라.

● 열린 마음으로 참여하라. 모든 학생이 당신이 기대하는 만큼 영적으로, 음악적으로 성장하지 않을 수 있으며 모든 시간이 원활하게 흐르지 않을 수 있다.

● 안전지대를 벗어나 언제든지 역할을 바꿔 일할 준비를 해라.

● 인도자들과 학생들에게 모두 친절하게 대하라.

프로그램

우리는 여름 내내 청소년 모임보다 두어 시간 먼저 모였다. 매주 순서와 시간표는 달랐지만 기본적인 구성요소는 같았다.

식사와 교제

예배 101에서 가장 중요한 시간은 식사 교제 시간이다. 좋은 사역은 깊은 우정에서 생긴다. 어른과 학생이 한 식탁에 둘러앉아 같이 식사할 때 서로 연결고리가 생기고 세대와 세대를 가로지르는 우정이 맺어진다. 식사 시간에 종종 청소년들과 함께하기 원하는 부모나 목회자를 초대했으며 누구든지 참여하면 환영받았다.

그룹 모임(전체 그룹 혹은 소그룹)

예배 101은 음악이나 창의적인 예술만 다루는 것이 아니라 다음 세대가 하나님을 예배하는 것이 무엇인지 자신의 재능으로 주님을 섬기는 것이 무엇인지 아는 세대로 만드는 데 초점을 맞춘다. 우리는 분명한 목표를 가지고 신중하게 교재를 선택했다. 예배 101을 진행하는 동안 인도자와 학생은 참된 예배의 의미를 9주 동안 연구하는 "순수한 찬양 PURE PRAISE "[1]이라는 책을 한 부씩 받았다. 학생들은 매주 그룹 모임에서 교재의 지정된 부분을 읽고 나누었으며 매일 경건의 시간에서 받은 감동을 나눌 때 우리를 깜짝 놀라게 했다. 우리가 함께 대화하고 기도할 때 우리 안에 빛이 점점 밝아지며 무언가 타오르는 것을 느꼈다.

워크숍

워크숍은 기술과 뜻밖의 재미가 만나는 곳이다. 우리는 워크숍에서 인내와 끈기를 가르쳤다. 학생들은 워크숍에서 스스로 놀라고 우리도 놀라게 했다.

악기 : 악기 연주 워크숍은 모든 워크숍 중에 가장 까다로운 분야였다. 우리는 악기 연주자가 기본적으로 악보와 음, 코드 읽

1. Dwayne Moore, Pure Praise: A Heart-Focused Bible Study on Worship (Loveland, Colorado: Group, 2009)

는 법, 조옮김 등을 한다는 전제로 천차만별 수준의 학생들을 가르쳐서 그들이 예배를 주도하게 했다. 하지만 연습만큼 현장 경험도 중요하다.

발성: 발성 워크숍도 쉽지 않았다. 어떤 학생은 음을 정확히 내지 못했고 다른 학생은 목소리가 너무 작았다. 변성기에 접어든 남자 학생 한 명과 열 명의 여자 학생이 같이 있을 수도 있고 아직 자기 목소리가 얼마나 좋은지 전혀 몰랐던 소녀가 타고난 음감과 호흡, 성량을 깨닫고 숨겨진 재능을 발견할 수도 있다. 우리는 직접 부닥치기 전에 가능한 경우의 수를 최대한 대비했다.

음향: 교회 예배팀의 전문 음향 기술자들이 학생 스스로 직접 예행연습에서 장비를 설치하는 법, 믹서에 라벨을 붙이는 법, 예행연습 때 보컬과 악기의 소리를 조절하는 법을 가르쳤다. 비록 예배 101에서 학생들에게 충분한 음향 기술을 가르치지 못했지만 "학생들이 주일 아침 예배라는 중요한 일을 섬기는 음향 기술자들의 모습을 배우기 바란다."는 음향 워크숍 인도자의 말처럼 귀중한 것을 배웠다.

창의적인 예술: 창의적 예술 워크숍은 학생 주도 예배에서 분위기를 조성하는 데 도움을 주는 프로젝트를 준비했다. 다음은 우리가 예배 101을 하면서 만든 몇 가지 창의적인 작품이다.

- 예배 101의 진행 과정을 기록한 사진과 음악이 들어간 영상
- 예배 곡 가사를 위한 배경 그림, 미술 및 사진

- 예배실과 강단, 응접실을 꾸미는 환경 미화 프로젝트
- 인도자와 학생을 위한 티셔츠 디자인

예행연습

예행연습은 통제하기 어렵지만 정말 재미있는 시간이다. 20여 명의 활기찬 아이들을 강단에 모아 각자 역할에 따라 악기, 마이크, 모니터 스피커, 악보대 설치를 하고 음향팀과 밴드 연주에 맞춰 노래하는 방법을 가르친다. 첫 연습 때는 잘 정리된 연주를 듣기 어렵지만 점점 악기 연주와 노래가 하나 되는 것을 느끼는 학생들의 신기한 표정은 더 좋은 내일을 위한 시작점이다.

예행연습에서 나눠야 하는 내용은 세련된 음악만 있는 것이 아니다. 우리는 학생들에게 예배의 중요성과 교회와 주님과의 관계가 얼마나 중요한지 나눈다. 또 아이들이 우리의 삶에 역사하시는 하나님의 신실하심을 확인하도록 돕고 올바른 마음으로 예배를 인도하는 책임감의 중요성도 가르친다. 우리가 항상 잊지 말아야 할 것은 우리가 있는 곳이 바로 주님께서 우리를 원하는 곳이라는 점이다. 우리는 지금 섬기는 곳에서 하나님의 능력을 의지하며 하나님이 일하시는 통로가 된다.

예배 101을 향한 우리 노력의 결실은 단지 한 번의 행사만으로 측정할 수 없으며 훨씬 더 먼 미래에 다음 세대 예배자들과 우리의 예배 사역과 우리의 교회에 영향을 끼칠 것이다.

다음 세대의 예배자들

때로는 청소년의 마음에 무슨 일이 일어나는지 분간하기 어렵다. 사실 우리 진행팀은 예배 101을 진행하는 동안 아이들의 마음이 어떤지 알기 어려웠다. 하지만 모든 프로그램을 마무리하고 아이들이 제출한 몇몇 의견을 보면서 우리는 성령께서 아이들의 마음에 깊이 역사하셨다는 것을 확증했다.

- "나는 예배 101을 통해 하나님의 사랑을 깨달았어요."
- "과제로 나온 책을 공부하며 기도로 하나님의 인도를 구하는 시간을 점점 늘리면서 이전보다 더 하나님과 가까워졌어요."
- "나는 예배가 하나님과의 대화라는 것을 깨달았어요. 예배는 나 혼자 하나님께 일방적으로 말하는 것이 아니라 하나님께서 나에게 말씀하시는 것을 듣는 시간이에요."
- "나는 예배 101로 진심으로 하나님을 예배하는 것이 얼마나 중요한지 깨달았어요."
- "처음 예배를 드리며 하나님의 친밀함을 느꼈어요."

우리는 예배 101로 변화된 학생들의 마음을 살펴보았다.

예배의 마음 : 예배 101 과정에 참여하기 전에 학생들은 매주 주일 한 시간만 예배하면 된다고 생각했고 소수의 아이는 마음에 아무런 감동도 주지 못하는 예배가 정말 견디기 힘들다고 말

했다. 또 몇몇은 아예 "예배의 참된 의미"라는 단어를 들어본 적도, 생각한 적도 없었으며 어떤 학생들은 이미 알 것은 다 안다고 믿었다. 예배 101은 무관심한 예배자들을 순식간에 예배의 슈퍼스타로 만드는 과정이 아니며 성령의 인도 아래 성경적이고 균형 있는 가르침과 따듯한 양육으로 바른 분별의 씨앗을 심어 햇병아리 같은 믿음을 건강하고 튼튼한 믿음으로 양육하는 것이다.

섬김의 마음 : 학생들은 예배 101에서 자신이 드릴 예배를 서로 회의하며 직접 계획하고 준비하면서 헌신한다. 이런 준비 과정에서 아이들은 종종 알지 못한 재능을 발견하는 기쁨을 맛보며, 우리는 아이들이 발견한 재능으로 교회를 섬기도록 돕는다.

반대로 어떤 아이들은 자기 재능이 예배 예술이 아님을 깨달을지도 모른다. 마지막 그룹 모임에서 우리는 아이마다 각자 섬길 예배 영역을 알려주고 안내했다. 예배 101 진행팀과 인도자들은 감수성 예민한 아이들이 마음에 상처받지 않도록 그들이 섬길 부분을 최대한 부드럽고 친절하게 안내했다.

공동체의 마음 : 내가 예배 101에서 가장 좋아하는 부분은 공동체의 의미를 실제로 구현한 것이다. 성인 인도자들은 청소년들을 가르칠 뿐 아니라 같이 배우는 마음으로 함께 하며 학생들은 예배라는 공통의 목표를 향해 가면서 서로에게 주어진 독특한 은사를 발견하고 그 은사에 감사하며 교회에 은혜를 끼치는 사명이라는 것을 이해한다. 아이들은 예배 101을 통해 예배는 어른이 기획하고 아이들은 참여하는 것이라는 잘못된 인식을 깨고 모두

가 함께하는 것임을 깨달았다.

우리 인도자 한 명이 창의적 예술 워크숍에서 한 고등학생과 경험한 일이 있다. 인도자는 고등학생이 성실하게 자기를 따랐고 때로는 시청각 시스템이 익숙하지 않은 인도자 옆에 앉아 참을성 있게 작동법을 알려주었다고 했다. 아이는 인도자의 "아재 개그"는 아주 좋아했지만 인도자의 사소한 조작 실수는 그냥 넘어가지 않았다. 최신 장비 작동법에 익숙하지 않은 어른 인도자에게 고등학생은 자신의 신선한 지식과 인내심 가득한 가르침으로 도왔다. 어른 세대와 아이 세대가 오직 하나님만이 하시는 방법으로 서로 역할을 바꿔 축복하는 교류를 누린 것이다.

우리 진행팀이 가장 기쁜 순간은 예배 101에 참여한 아이들이 교회 공동체에서 자기 자리를 발견하고 다양한 모습으로 그 역할을 감당한 것이었다. 예배 101에 인도자 팀으로 참여한 대학생 청년은 예배 101에 도전받아 청년 그룹 예배 사역을 시작하면서 몇 년 동안 청년들을 멘토링 했다. 또 예배 101의 첫 예비 모임에 참여한 2명의 청소년 드러머 중 한 명은 2년 후 교회 예배팀에 인턴으로 참여해서 전체 예배 101 프로그램을 이끌었다.

예배 사역의 유익

예배 101의 목적은 청소년들에게 예배와 섬김의 마음을 심어주는 것이지만 그 과정에서 교회 예배 사역에 큰 유익을 주었다. 교회 예배 사역은 예배 101을 통해 앞으로 사역에 참여할 학생을 미리 파악하고 한 팀으로 세우는 데 도움을 얻었다. 또 재능 있는 아이들을 미리 선발하고 훈련함으로써 현재 소속된 예배자들이 타성에 젖지 않고 스스로 도전받게 했다. 예배 101을 통해 앞으로 예배 사역에 동참할 아이들이 미리 예배 사역을 섬길 이유를 깨닫고 준비하도록 도와준다.

교회의 유익

예배 101은 교회의 축복이었다. 다음 세대가 예배 101로 하나님의 살아계심을 경험하고 고등학교를 졸업한 후 교회를 떠나지 않도록 도와주었으며 하나님의 은혜를 경험한 청소년들을 교회의 구경꾼이 아닌 핵심 그룹으로 만든다. 청소년들이 하나님을 예배하면서 무엇을 경험하는지 깨닫는 것은 장기적으로 그 교회를 든든히 세워갈 다음 세대를 키운다. 또 젊음에서 나오는 뜨거운 열정이 교회 전체에 퍼져서 나이 드신 어른과 어린 학생도 예배와 섬김의 비전을 갖도록 도전했다.

가능성의 발견

예배 101 프로그램을 마지막 헌신 예배로 마무리하면서 우리는 기쁨으로 얼굴에 미소가 넘쳤고 아이들은 손을 마주치며 쉴새 없이 즐겁게 떠들었다. 인도자들은 몇 개월간 쌓인 긴장감과 피로가 사라지고 감사가 흘러넘쳤다. 교회 전체가 새로운 활력으로 가득 찬 것 같았다. 모든 순서와 정리정돈을 마치고 교회 밖으로 나오자 오후의 햇살이 따듯하게 내리쬐고 산들바람이 소망의 달콤한 향기로 우리를 맞이했다. 우리는 청소년들이 한 곳의 지역 교회에서만이 아니라 하나님께서 그들을 이끄실 학교, 도시, 교회, 선교 현장에서 건강한 신앙으로 든든하게 우뚝 서는 모습을 상하면서 하나님이 우리 예배 101을 사용하시길 기도했다.

마지막으로, 우리는 우리 교회뿐만 아니라 지역의 다른 교회가 예배 101로 청소년 세대를 세우길 기도한다.

"평생 예배자"인 지넬 리더는 오랫동안 예배 책임자로 사역했다. 담임 목사의 아내로서 지역교회의 구조와 상황에 깊은 통찰력이 있으며 특히 모든 세대가 함께 예배하는 데 열정이 있다.

이런 열정으로 지넬과 예배기획 진행팀은 이번 장에서 소개할 예배 1010 프로그램으로 청소년들이 예배의 마음을 이해하고 사역으로 섬기도록 도왔다.

지넬은 "예배 인도자가 목회자에게 들어야 하는 이야기"의 저자이며 꾸준히 WorshipMinistryDevotions.com에 글을 기고한다. 지넬에 관한 더 많은 정보는 TheOneVoiceThatMatters.com에서 확인할 수 있다.

9장

멘토링 : 기초부터 결승선까지

MEANINGFUL MENTORING: FROM FOUNDATION TO FINISH LINE

닉 코엣지

예배 인도자들의 멘토로서 내 목표는 다른 사람들이 예배 인도자의 부르심을 확인하도록 도와주는 것이다. 예배 인도자의 부르심을 확신하면 다른 방법으로 가질 수 없는 평안과 자존감을 얻기 때문이다.

1989년, 나는 아내와 남아프리카에서 호주로 이사했다. 주님은 나에게 예배 인도의 부르심과 다른 예배 인도자를 훈련하며 하나님의 임재 안으로 사람들을 이끄는 음악을 만드는 비전을 주셨다. 나는 타고난 음악 재능이 있었기 때문에 비전을 받고 1년 만에 예배를 인도하고 사람들에게 기타를 가르쳤으며 지역 교회와 기독교 음악가, 예술가들을 위한 음반을 제작하기 시작했다. 나는 90년대 초까지 음악가들이 자기의 은사와 재능을 단련하고 그 재능으로 소통하도록 돕는 훈련 세미나를 연구 개발했다.

1995년, 우리는 호주에서 미국으로 이사한 후 한 지역 교회에서 예배 인도를 시작했으며 기독교 연주자와 예술가들과 새로운 예배 음반 제작을 시작했고 예배 신학과 예배 인도, 악기 연주를 배울 예배 학교를 설립하는 일을 도왔다. 예배 학교의 학생은 매년 대략 30명 정도였으며 이들에게 작사 작곡, 녹음, 예배 인도, 음악가의 바른 자세, 음악 기술을 가르치면서 나를 아낌없이 쏟아부었다. 나는 다양한 경험을 통해 내가 회중 예배를 잘 인도하는 것도 중요하지만 다른 사람이 예배를 인도하도록 멘토링 하는 것도 중요하다는 것을 깨달았다. 우리는 빠른 멘토링 결과를 원하지만 실제 멘토링 과정은 길고 때로는 불편하며 심지어는 위험할 때도 있지만, 결국 하나님께 영광을 돌리는 최종 결과를 보면 대가를 치를 충분한 가치가 있다.

나는 이번 장뿐만 아니라 이 책 전체의 내용을 이해하는 중요한 관점을 나누고 싶다. 예배 사역이 다른 사역과 다른 점은 매우 괴팍할 만큼 창의적인 사람들을 상대한다는 것이다. 물론 나 역시 그 창의적인 사람 중 한 명이다. 노래의 음정 하나에 온 마음을 쏟아붓는 창의적인 사람들은 건설적인 비판에 지나칠 정도로 예민하게 반응한다. 나는 지나치게 예민한 사람들에게 변명거리를 주려는 것이 아니다. 하지만 창의적인 사람들의 예민한 성향의 이유인 예술가 기질을 이해하면 이들을 대할 때 많은 도움이 된다. 특히 예배 사역에 연관된 창의적인 사람들을 멘토링 하려면 그들의 예민한 성향을 이해하는 것이 매우 중요하다.

멘토링의 기초는 순종이다

의사소통과 관계는 멘토링의 중요한 부분이다. 성공적인 멘토링은 한 사람이 다른 사람을 멘토링 한다는 확실한 상호 이해가 있어야 가능하다. 즉 멘토링을 받는 멘티가 자신보다 많은 것을 경험한 멘토의 지도를 받겠다는 약속 같은 것이다. 어떻게 보면 아주 당연하고 기본적이지만 많은 멘토링 관계가 이 부분을 놓쳐서 잘못된 방향으로 흘러간다. 멘토링은 인도, 비평, 평가를 받으려는 멘티의 분명한 의지가 있어야 하며, 만일 그렇지 못하면 그 멘토링은 흐지부지된다.

에드워드EDWARD는 이 원칙의 좋은 예다. 내가 가르치는 예배학교 학생으로 등록한 에드워드는 이미 예배 인도 경험이 많았으며 기타, 피아노, 드럼을 연주했다. 타고난 재능이 많은 에드워드는 많은 교회의 예배 사역에서 딱 원하는 사람이었다. 혹시 "작은 연못의 큰 물고기 증후군"이라는 말을 들어봤는가? 이 말은 타고난 재능이 많을수록 다른 사람에게 예배 인도 방법이나 더 좋은 악기 연주법을 배우기 어렵다는 의미다. 타고난 재능(작은 연못) 때문에 자신의 실력을 지나치게 맹신하면(큰 물고기) 다른 사람의 지도를 받기 어렵다.

에드워드는 하나님을 경외하는 귀한 마음이 있었으며 예배를 인도하지 않고 드럼을 연주할 때도 분명한 예배의 마음을 잃지 않았다. 역할과 상관없이 예배의 마음을 잃지 않는 것은 예배 사역자에게 매우 중요한 부분이다. 하지만 나는 에드워드의 드럼 연주가 종종 지나치게 빠르거나 느려지는 부분을 걱정했다. 아마도 나 외에 다른 사람은 전혀 눈치채지 못했겠지만 밴드에서 드럼의 역할은 배의 방향을 결정하는 키^{RUDDER}처럼 아주 중요하기 때문에 에드워드의 실력이 더 좋아지도록 부족한 부분을 지도하기로 했다.

나는 에드워드와 함께 합주하면서 에드워드가 틀릴 때마다 그 자리에서 바로 "단순하게 연주하라", "박자를 일정하게 유지하라", "필인으로 연주를 가득 채우지 마라", "필인이 서로 충돌하지 않게 주의하라" 등 드럼 연주에 아주 중요한 기초를 가르쳤지만 에드워드는 내 지시를 받아들이지 않았다. 그렇다고 나에게 직접 찾아와서 문제를 제기하지는 않았지만 나에게 거리를 두었다. 에드워드의 태도는 멘토링 과정을 훨씬 더 어렵게 만들었다.

얼마 후, 예배 학교 학장이 나를 불러 에드워드가 직접 자기를 찾아와서 나를 비판했다는 사실을 알려주었고 나는 곧 에드워드를 불러서 같이 앉아 일어난 일의 처음부터 끝까지 자세히 대화를 나눴다. 나와 에드워드는 이 과정에서 많은 것을 배웠다.

나는 지도자로서 실제 연주 상황에서 모든 것을 다 통제할 수 없으며 지시사항을 전달한 후에 어느 정도 흐르는 대로 놔두고 모든 것을 마친 후 차근차근 나누는 것이 부담을 덜 준다는 것을 깨달았다. 사실 연습이든 실제 연주 상황이든 악기 앞에 있는 것 자체가 굉장히 부담되는 일이기 때문에 그 자리에서 바로 무언가를 지적하는 것은 굉장히 힘든 일이다.

에드워드는 자신이 배우기 위해 학교에 입학했다는 것과 배움의 과정이 종종 불편하다는 것을 새롭게 깨달았다. 모든 멘티가 멘토의 조언을 전적으로 수용하는 것은 아니기 때문에 멘토들은 멘토링 중에 일어날 곤란한 상황을 예상해야 한다. 하지만 앞서 말한 대로 멘토링은 멘티가 멘토의 말을 기쁘게 받아들일 때 가능하므로 먼저 서로 바른 관계 정립을 해야 한다.

나는 에드워드를 멘토링 하면서 악기를 지도할 때 멘티가 가르침을 따를지 안 따를지 선택하는 것이 아니라 가급적이면 따라야 한다고 미리 알려주지 못한 것을 깨달았다. 멘토링으로 멘토와 멘티는 한 팀이 되었으며 각자 자기의 비전이 아니라 공통의 비전으로 대하기 때문에 악기 소리를 줄이거나 주법을 바꾸라는 지시는 사적인 감정을 따라 해도 되고 안 해도 되는 것이 아니다.

종종 멘토링 관계를 이해하지 못하는 멘티들은 "배우는 시간"을 잘 이해하지 못하고 오해하며 상처받기 때문에 나는 항상 이 부분을 명확히 정리하고 시작한다. 멘티가 이것을 이해하면 쓸데없는 긴장감이나 오해 없이 훨씬 더 효과적으로 배울 수 있다. 이후로 에드워드와 내 관계는 시간이 흐를수록 더 견고해졌고 에드워드의 드럼 실력은 내가 가르쳐준 원리를 받아들여서 크게 성장했다. 서로 바른 멘토링 관계를 세워야 좋은 결과가 나온다.

또 다른 예로, 내가 멘토링 한 젊은 여성이 특별 예배를 인도할 예정이었다. 그런데 그녀가 뽑아온 곡목은 악보만 봐도 한 곡에서 다른 곡으로 넘어갈 때 조와 리듬이 완전히 달랐다. 역시 예행연습에서 두 곡은 서로 전혀 맞지 않았고 굉장히 어색했다. 나는 그녀에게 문제를 알려주었지만 그녀는 그대로 진행했고 다행히 실제 예배에서 약간 어색했지만 큰 문제 없이 지나갔다. 곡을 조금 더 단순하게 바꿨다면 훨씬 더 자연스러웠겠지만 결과적으로 그녀는 내가 알려준 문제를 확실하게 파악했다. 때로는 문제를 피하는 것보다 문제를 직접 겪는 것이 더 좋은 훈련이다.

또 내가 누군가를 가르치려면 그들이 충분히 사랑받고 용납받는 확신이 있어야 한다는 것을 깨달았다. 불신과 불안함은 효과적인 배움을 방해한다. 이때 멘토의 긍정적인 태도와 어루는 학생에게 "나는 너의 편이다"라는 느낌을 주기 때문에 매우 효과적이다. 학생이 무언가를 잘 할 때 빨리 격려하고 칭찬하면 인정받는 느낌 속에서 빠르게 성장한다.

멘토링은 배우는 것이다

예배학교의 또 다른 학생 데이비드DAVID는 배울 기회가 있으면 무엇이든 흡수하듯 배우는 좋은 특징이 있었다. 이것은 멘토링에 매우 큰 도움을 준다. 나는 데이비드가 예배팀에서 일렉 기타를 연주하게 했다. 얼마 후 예배를 준비하면서 데이비드가 잘 인도할 것 같은 곡을 보고 직접 인도하도록 권면했다. 아직 데이비드의 예배 인도는 거칠었지만 배우는 과정에서 당연한 일일 뿐이며 전체 예배를 인도하는 것도 아니기 때문에 문제는 없었다.

나는 데이비드가 곡을 인도하면서 자신감을 얻으며 또 데이비드를 향한 나의 신뢰도 느끼기 원했다. 학생이 약간 소극적이라면 지도자로서 당신의 확신을 표현하는 것이 좋다. 가사를 잊어버리거나 악기 연주를 틀릴 수도 있지만 훈련의 초점은 학생이 직접 예배를 인도할 기회를 얻는 것이다. 나는 얼마든지 더 안전한 환경에서 멘티 혹은 학생들과 일대일로 면담하면서 크고 작든 어떤 문제든 논의할 수 있다.

나는 데이비드가 열린 마음으로 내 조언을 받아 주어 감사했다. 데이비드가 내 모든 조언에 동의하지는 않았지만 항상 열린 마음으로 귀담아들었고 시간이 지날수록 점점 더 자신감을 가졌다. 데이비드가 나 없이 혼자 예배를 인도할 때 신선하고 획기적인 아이디어를 예배에 도입했으며 자기만의 정체성을 확고하게 세워갔다. 물론 내가 데이비드를 멘토링 했기 때문에 종종 내가 가르친 특성과 기술이 보였지만 나는 데이비드를 내가 지시한 대로만 하는 틀에 가둘 생각은 전혀 없었다. 멘토링은 자기의 모습을 찾도록 돕는 것이다.

예배 인도자들은 멘토링에서 오는 익숙하지 않은 도전과 약간의 위험을 감수해야 한다. 만일 우리가 새로운 도전에 따르는 위험을 피하면 결국 틀에 갇힌 모습이 될 것이다. 나는 데이비드가 직접 예배를 인도하면서 자기만의 길을 찾도록 권면했고 데이비드는 그 길을 찾았다. 비록 데이비드는 내가 함께한 사람 중에 가장 재능 있는 것은 아니지만 가장 중요한 마음, 겸손한 마음으로 끝없이 배우는 사람이었다. 데이비드는 종종 나에게 배움의 시간이 정말 소중했다고 말한다. 현재 데이비드는 동유럽에서 전임 예배 인도자로 사역 중이다.

멘토링은 바른 인격과 믿음을 준다

멘토링은 다양한 형태가 있다. 모든 멘토링과 제자도는 일대일 양육과 기도와 교제, 인내하는 것 외에 특별히 규정된 공식이 없다. 나는 예배 인도자, 교사, 음반 제작자로서 많은 가수와 음악가를 만나서 삶을 나누며 그들의 장점을 찾아 격려하고 지속해서 개발하도록 돕는다. 왜 그래야 하는가? 음악가와 연주자를 포함한 예술가들은 종종 자신의 재능으로 다른 사람과 원활하게 소통하는 것을 힘들어한다. 사람들은 예술가의 타고난 재능이 평범한 사람을 뛰어넘는다고 생각하지만 사실은 예술적인 영역만 특별하고 나머지 부분은 오히려 미숙한 경우가 많다. 성공한 예배 인도자를 든든하게 뒷받침하는 것은 바른 인격과 신념이다. 재능보다 인격과 신념이 훨씬 중요하다.

인격은 "누군가가 생각하며 느끼고 행동하는 방식"이다. 예배자의 사역은 예배자의 삶에 기초하기 때문에 사랑으로 행하고 서로를 용서하며 종의 마음으로 헌신하는 삶을 살아야 효과적으로 사역할 수 있다. 이런 인격 특성은 어려운 상황을 하나님의 말씀으로 통과할 때 더 깊어진다. 예배 인도자가 되려면 재능 이상의 오랜 시간 걸친 성숙한 인격이 필요하므로 꾸준히 인격을 개발해야 한다. 하지만 인격 개발은 대가가 따른다.

사실 인격은 굉장히 광범위한 주제이므로 모든 내용을 담기는 어렵지만 예배 사역에서 가장 많이 도전받는 요소인 순결과 용서를 강조하고 싶다. 많은 예배 인도자가 이 두 영역에 도전을 받는다. 다툼을 용서하지 못하고 분열하는 것과 순수함을 잃은 회개하지 않은 죄는 하나님의 임재에 큰 악영향을 끼친다. 주님은 우리가 거룩한 삶과 진심으로 다른 이들을 돌보고 배려하는 인격적인 마음을 개발하기 원하신다. 우리가 인격의 문제를 지속해서 다루면 더 효과적인 예배 인도자가 될 수 있다. 인격 외에도 예배 인도자의 기초가 되는 또 다른 강점은 믿음이다. 한 사전은 믿음을 이렇게 정의한다. "다른 대상에게 믿음이나 신뢰를 주는 정신 행위, 조건, 습관." 성공적인 멘토링의 핵심은 믿음이다.

멘토링에 필요한 믿음의 세 가지 측면은 다음과 같다.

● 하나님을 믿는 믿음과 하나님이 은사를 주신다는 믿음
● 성령이 우리가 하나님의 은사를 개발하도록 돕는다는 믿음
● 멘토와 멘티의 믿음과 신뢰

멘토링에서 이 믿음과 신뢰를 놓치고 잃어버리면 더이상 진행할 수 없다. 당신이 누군가에게 멘토를 요청하거나 다른 사람을 멘토링 할 때 상대방과 이 세 가지 신뢰를 놓고 같이 논의하라. 서로 주님과 올바른 관계를 맺는가? 성령께서 사람에게 은사를 주시는 것을 인정하는가? 성령이 역사하셔서 은사를 개발하

실 것을 믿는가? 은사를 활성화해서 섬김의 자리에서 사용하도록 도와주거나 순종하는가? 서로 세 가지 개념에 동의한다면 더 강한 지도력을 개발할 토대를 마련한 것이다.

멘토는 도전을 예상하고 대비해야 한다

내가 중요하게 생각하는 또 한 가지는 멘토링 외부에서 일어나는 반대나 도전을 예상하고 다루는 것이다. 나는 전에 가브리엘이라는 젊은 여성에게 예배 인도를 가르쳤다. 가브리엘은 뜨거운 마음으로 하나님과 예배 사역을 배우려는 의지가 있었다. 뜨거운 마음과 배우려는 의지, 얼마나 좋은 조합인가? 나는 가브리엘이 좋은 마음 밭을 가진 사람이라고 생각했다. 그리고 가브리엘은 훈련을 시작한 지 몇 주 만에 예배 팀에서 차기 예배 인도자 명단에 올랐다. 가브리엘은 매우 강한 여성이었지만 지도자에게는 순종적이었다.

나는 얼마 후 가브리엘이 예배에서 몇 곡을 인도하도록 맡겼고 나중에는 예배 전체를 맡겼다. 시간이 지난 후 가브리엘은 주요 예배 인도자 중 한 사람이 되었다. 하지만 그때부터 힘든 시간이 시작되었다. 불행하게도 가브리엘의 성공을 보고 예배팀 주변 사람들은 가브리엘이 너무 억세고 위압적이라고 비난하기 시작했다. 이 시기 질투와 불만과 불평은 얼마 후 예배팀 안으로 퍼졌다. 왜 교회 안에 이런 슬픈 일이 일어날까? 나는 이것이 사람에게 있는 죄성에서 오는 기본적인 시기 질투와 미성숙 때문이라고 생각한다. 가장 좋은 해결책은 멘토가 주변의 불평에 굴복하거나 연연하지 않고 오히려 일관성 있게 강한 지도력을 제시하는 것으로 생각한다.

나는 교회와 예배팀 안에 시기 질투를 놔두지 않고 성경적으로 해결했다. 우리는 새 하늘과 새 땅이 임하기 전까지 항상 시기 질투와 싸워야 한다. 특히 교회 안에 창의적이고 예술적인 사람들이 모인 예배팀 안에는 항상 시기 질투 문제가 있기 때문에 절대 당황하거나 놀랄 필요 없다. 당신이 누군가를 멘토링 할 때 누군가는 소외감을 느낄 수 있다는 점을 예상하고 적절히 대처하라. 사실 시기 질투 문제는 어쩌다 한번 일어나는 일이 아니라 상당히 자주, 정기적으로 일어나는 문제다. 이렇게 흔한 문제가 당신의 뒤통수를 치지 못하도록 미리 예방하라.

마지막 팁과 몇 가지 주제

사람에 따라 멘토링과 훈련 과정이 천차만별이기 때문에 정해진 공식은 없다. 멘토마다 사용하는 방법과 적용하는 기술이 크게 다르지만 전반적으로 적용할 몇 가지 요소가 있다.

● 연주자들과 음악가들이 재능과 역할 때문에 용납받는다고 생각하는 것이 아니라 하나님 안에서 자신이 누구인지 아는 바른 정체성 때문에 용납받는다고 생각하도록 훈련하라.

● 바른 예배 사역은 주님의 자녀라는 정체성에서 나온다. 우리는 멘토로서 멘티와 모든 예배팀이 바른 정체성을 갖도록 도와야 한다.

● 피드백과 비평은 여러 사람이 모인 자리보다 개인적으로 하는 것이 더 좋다.

● 멘티가 작고 사소하더라도 직접 도전하고 승리와 성취감을 맛볼 기회를 주라. 예를 들어 전체 예배 인도를 하기 전에 먼저 한두 곡부터 인도할 기회를 줘라. 여전히 예배 인도는 쉽지 않지만 전체 예배 인도보다 한 곡은 부담이 덜하다. 이런 작은 기회는 멘티에게 경험과 자신감을 주고 멘토가 멘티에게 피드백할 기회를 준다.

● 멘티에게 당신처럼 되라고 강요하지 말라. 그들 스스로 하나님께서 원하는 길을 찾도록 여유를 주라. 멘토와 지도자는 멘티와 따르는 이들이 하나님을 닮도록 돕는 사람이다.

마무리하기 전에 한 가지 중요한 아이디어를 제시하고 싶다. 당신이 누군가를 예배 인도자로 세우는 마지막 단계가 되면 멘티의 전적인 응원자가 되어라. 멘토링 과정을 마무리한 멘티에게 필요한 것은 잔소리나 가르침이 아니라 응원과 격려다. 당신의 멘티가 예배 인도를 잘하면 격려하고 항상 칭찬하라. 학생이 스스로 날아오를 준비가 되었을 때 방관자가 되지 말고 전적으로 지원하라. 젊은 예배 인도자에게 그것보다 더 좋은 위로와 격려는 없다.

닉 코엣지는 남아프리카 출생 작사 작곡가, 프로듀서 겸 예배 인도자이며 더 레인 뮤직 스튜디오의 설립자다.

닉은 인테그리티 뮤직 경음악 씨리즈 중 베스트 음반인 Reflections을 포함한 200개 이상의 현대 예배음악 CD를 제작했고 달린 첵의 첫 미국발매 히트송 '내 구주 예수님' 앨범의 제작에 참여했다.

닉은 국내외에서 작곡, 녹음, 제작과 예배 인도를 위한 집중 세미나와 워크숍을 진행한다.

닉에 관한 자세한 정보는 www.rainmusic.org 에서 확인하라.

10장

바비 멘토링 하기
MENTORING BOBBY

데이브 헬무스

　나는 바비와 아침 식사 약속을 했다. 바비는 달걀부침 흰자를 삼각형 모양으로 잘라서 오렌지색 둥근 노른자만 남겨 놓았다. 나는 바비의 행동이 궁금했다. "바비, 지금 뭐 해요?" 바비가 수줍게 웃으며 말했다. "아, 네… 저는 항상 달걀노른자를 한입에 먹으려고 이렇게 해요." 나도 바비처럼 달걀을 먹어 보았다. 나에게 부족한 것이 기술인지 인내심인지 모르겠지만 입안 가득 노른자를 터트려 먹는 것이 너무 어색했다. 나는 대화를 시작했다. "음… 나를 좀 설명할게요… 내가 예배를 인도한 건… 꽤 오래됐네요. 1990년 고등학교를 졸업한 여름부터 시작했거든요…" 바비가 수줍게 웃으며 대답했다. "전 그해에 태어났어요." 나는 속으로 "나는 늙지 않았다, 나는 늙지 않았다"라고 되뇌었지만 이미 얼굴이 붉어져 있었다.

나는 말을 계속 이었다. "이럴 수가! 나는 당신이 살아온 시간만큼 예배를 인도했군요... 흠... 아마도 탐 크라우터가 나에게 말을 걸 때 이런 느낌일까요?" 이야기를 듣던 바비가 곤혹스러운 표정을 지었다. "탐 크라우터요? 그게 누구예요?" 나는 단도직입적으로 말했다. "우린 서로에게 배울 것이 있어요. 나는 기쁜 마음으로 당신에게 나눌 것이 있지만 그렇다고 내가 전문가라고 생각하지는 않아요. 나는 평생 배우는 사람입니다. 자, 이제 우리가 멘토링을 시작하기 전에 그 달걀부침에 대해 더 나눠 볼까요?"

2013년, 나는 바비와 6개월간 체계적인 멘토링을 진행했다. 나는 바비의 교회에서 예배 코칭 프로그램으로 예배팀을 인도했으며 프로그램이 끝날 때쯤 담임 목사님과 예배팀을 이끌 새 인도자를 찾은 결과, 바비를 선택했다. 사실 바비는 교회에서 예배팀을 인도하지 않았으며 딱 한 번 특별 감사예배를 인도했었다. 바비는 넓은 마음의 유능한 음악가로서 겸손한 자세를 가졌지만 아직은 초보 인도자였다. 목회팀에서 매달 한 번 "팀3"라는 애칭이 붙은 바비의 팀이 예배를 인도하도록 결정했기 때문에 우리는 함께 계획을 세웠다.

1월 : 바비와 1:1 개인 상담[1]

바비는 일렉 기타 담당, 나는 예배 인도.

___

1. 상담은 2시간 동안 대화를 나누는 시간이다. 우리는 지나간 예배 인도를 돌아보고 미래를 계획하며 교재로 정한 책의 한 부분을 읽은 후 서로 나누며 예배 철학과 관련된 질문의 시간도 갖는다.

2월 : 바비와 1:1 개인 상담

바비는 일렉 기타 담당, 나는 예배 인도.

3월 : 바비와 1:1 개인 상담

바비는 주일 예배에서 찬양 한 곡 인도, 나는 나머지 인도.

4월 : 바비와 1:1 개인 상담

바비는 주일 예배 찬양의 절반 인도, 나는 나머지 인도.

5월 : 바비와 1:1 개인 상담

바비는 주일 예배 찬양 절반 인도, 나는 나머지 인도.

6월 : 바비와 1:1 개인 상담

바비는 주일 예배 찬양 전체 인도, 나는 그냥 팀에 합류.

바비는 자기의 소임을 훌륭히 해냈다. 마이크를 잡을 때마다 자신감이 점점 커졌으며 밴드를 이끄는 통솔력이 향상되었고 예배팀과 개인적으로 소통하려고 따로 공식 채널도 만들었다. 바비는 자신의 잠재력을 발견하고 개발했다. 과연 무엇이 바비와의 멘토링을 효과적으로 만들었을까? 나는 바비와의 멘토링을 돌아보면서 몇 가지 원칙을 발견했다.

필요를 만들어라

멘토링은 간절함이 필요하다. 사실 나 혼자서도 충분히 예배를 인도할 수 있었고 기존의 예배 인도자 중에서 새로운 인도자를 선발할 수도 있었지만 새로운 '팀3'의 새 예배 인도자를 찾았다. 나는 일부러 새로운 예배 인도자를 세우는 일에 마감 기한이 있는 것처럼 계획해서 적당한 부담감을 가졌으며 이 부담감이 나를 더 성실하게 만들었다. 내 간절한 태도는 바비에게 새로운 예배 인도자 역할을 진지하게 생각하도록 도전했다.

여유를 가져라

집중적인 멘토링은 대략 6개월 정도가 적당하다. 만일 우리가 매주 개인 상담하고 예배를 인도했더라도 한 달은 터무니없이 짧고 2년은 끝나지 않는 학기처럼 길고 지루했을 것이다. 보통 6개월에서 길면 12개월이 실제적인 멘토링의 적절한 기간으로, 조급함을 다스리고 교회의 사역과 실제 예배를 경험하며 예배팀에 필요한 지도력을 개발하면서 돌아보는 기회를 준다. 또 한 사람의 명백한 시작과 끝을 보여주며 참을성 없는 인도자를 걸러내고 과정의 중요성을 깨닫게 한다.

안전지대를 만들어라

멘토링에서 상호 신뢰는 필수다. 최고의 예배 인도자들은 겉치레나 가식이 없으며 건강한 정체성과 성경에 기초한 바른 하나님의 성품의 중요성을 이해하고 회중이 안정적으로 예배하도록 돕는다. 그들은 심지어 고난 중에도 차분함을 유지한다. 우리가 멘토링 하는 사람들에게 이런 모습을 재현하려면 멘토가 직접 본보기가 되어 멘티가 마음 놓고 질문할 안전지대를 제공해야 한다. 당신과 함께 있을 때 멘티가 편안하게 느끼는가 불편하게 느끼는가? 안정감을 느끼는가? 멘티가 어려운 질문도 자유롭게 할 수 있는가? 이것이 멘토링의 가장 큰 숙제다.

좋은 책을 이용하라

바비와 나는 댄 윌트[DAN WILT]가 지은 '락스타가 되지 않고 예배를 인도하는 법'이라는 책을 같이 읽었다. 나는 댄 윌트의 책이 지나치게 학문적이지 않으면서 분량도 적당하고 어느 교회에도 적용할 현실적인 내용을 폭넓게 다루기 때문에 좋아한다. 독서는 집중력을 높이고 흐름의 변화를 파악하게 해주며 많은 현실적인 문제의 답을 찾는 데 도움을 준다. 인도자[LEADER]는 독자[READER]가 되어야한다. 한 권의 좋은 책이 우리를 지역 교회를 넘어 더 넓은 예배 인도자들의 공동체와 연결한다. 예배 인도자 멘토링에 필요한 책 몇 권을 추천한다.

처음처럼 예배하라 / 탐 크라우터, 예수전도단, 2008

Worship Matters / Bob Kauflin, Crossway, 2006

찬양으로 가슴 벅찬 예배 / 밥 소르기, 도서출판 두란노, 2005

How to Worship a King / Zach Neese, Gateway Create, 2012

Pure Praise / Dwayne Moore, Group Publishing, 2008

하나님 앞에선 예배자 / 매트 레드만, 죠이선교회출판부, 2002

The Heart of the Artist / Rory Noland, Zondervan, 1999

권한을 나누어 주라

권한을 부여하는 것은 멘티가 직접 예배에 사용할 곡을 선택하고 좋은 흐름으로 배열하며 성경을 읽고 팀 기도회를 인도하는 것을 포함한다. 권한 부여는 예배 인도자의 권한과 통제권을 다음 인도자가 미리 경험하도록 나누어 주는 것이다. 권한 부여는 새로운 예배 인도자에게 갑자기 모든 권한을 주는 것보다 함께 있을 때 새로운 인도자가 미리 팀 운영과 예배 인도를 깨닫고 그 무게를 느끼도록 한다. 새로운 예배 인도자에게 "첫 시도"가 너무 많다면 당신이 아직 너무 많은 것을 움켜쥐고 있다는 뜻이다.

갑자기 힘들고 어려운 상황이 일어나기 전에 미리 새로운 예배 인도자에게 당신의 권한을 천천히 나누어 주면서 다양한 것을 경험하게 하면 새 예배 인도자가 예배를 인도할 때 큰 힘이 된다. 바비가 처음 예배를 인도했을 때 예배팀은 둥글게 앉아 바비가 불러주는 곡 진행을 열심히 메모했다. "2절 끝나고 건반이 후렴부터 부드럽게 들어왔으면 좋겠어요. 중간 음역보다 높은음으로요" 그 주간의 예배팀 건반 연주자는 누구였을까? 바로 나였다. 나는 바비의 차분하고 진지한 모습이 정말 보기 좋았다.

좋은 방법으로 명확하게 소통하라

보통 사람은 습관적으로 자신을 기준으로 생각한다. 다른 사람도 다 자기처럼 생각할 거라고 단정 짓는 것처럼 말이다. 하지만 우리가 표현하기 전까지 다른 사람은 우리의 생각과 계획을 알 수 없다. 그러므로 멘토는 멘티에게 좋은 방법으로 명확하게 소통하는 본을 보여야 한다. 멘토는 자기 일을 왜, 어떻게 하는지 다른 사람에게 잘 설명할 수 있어야 한다. 훌륭한 지도자들은 자신이 인도하는 사람과 바른 관계를 만든다. 왜 관계가 중요할까? 또 어떤 영향을 미칠까? 그 순간에 하는 말이 도움이 될까? 예배 인도자는 자칫 회중이 놓칠 순간들을 지혜롭게 연결한다. 만약 우리가 좋은 곡을 골라서 음악적으로 흠 없이 예배를 인도해도 회중이 하나님과 만나지 못했다면 무슨 의미가 있을까? 우리가 좋은 예배 기술을 새로운 예배 인도자들에게 전수하면 미래의 예배자들에게 큰 축복이 된다.

하나님의 음성에 귀 기울여라

하나님의 음성은 생각이나 느낌으로만 받는 것이 아니다. 계시는 현실이다. 예수님의 말씀대로 양은 목자의 음성을 안다. 내 삶의 한 가지 원칙은 평상시든 중요할 때든 무언가를 결정하기 전에 먼저 하나님께서 나에게 말씀하시기 원하는 5가지 음성을 구하는 것이다. 어떤 특정한 말씀을 달라고 제한하지 않고 어떤 말씀이든 5가지를 구한 후 떠오르는 생각이나 느낌이 성경을 위배하지 않으면 나를 향한 하나님의 말씀이라 생각하고 그것을 받아 적는다. 나는 이렇게 단순하게 하나님의 음성을 듣는 훈련으로 하나님과 관계가 깊어졌으며 스스로 조금씩 성장하는 것을 느꼈다. 하나님의 음성을 듣는 것을 예배에 적용해보자. 예배에 사용할 곡을 고를 때 하나님의 음성을 구하라. 예배 인도를 하면서 어떻게 진행할지 음성을 구하라. 우리 각자가 섬기는 교회의 예배 환경에서 어떻게 하나님의 음성을 구해야 할까? 직접 실천하면서 답을 찾아보자. 무엇을 하든 하나님의 음성을 구하라.

건강한 신뢰감을 쌓아라

완벽한 기술 습득과 곡목 선택, 연주팀 훈련 같은 기술에만 집중하는 것보다 "하나님이 나를 예배 사역으로 부르셨으며 감당하도록 도우신다."라는 신뢰감도 키워야 한다. 이 시대는 누구든 책이나 블로그, 유튜브 영상으로 모든 종류의 기발한 아이디어와 요령, 기술을 배울 수 있다. 하지만 신뢰감은 정보로 배우는 것이 아니라 우리가 어려움에 부닥쳤을 때 변함없이 믿어주는 사람을 통해 배운다. 삶의 순간마다 작은 순종이 쌓여 우리 안에 하나님을 향한 신뢰감이 커지고 어려운 순간에도 우리가 버티는 힘을 준다. 이것은 굉장히 중요한 문제다. 왜냐하면 많은 새로운 지도자와 예배 인도자가 "이 일을 감당할 자격이 없다"라는 자기 불신과 자책감을 느끼기 때문이다.

나는 새로운 지도자와 예배 인도자들의 고민에 답을 주고 싶다. 우리는 자칫 많은 아이디어와 정보를 모으는 것이 사역의 지름길이라고 착각하기 쉽지만 정말 중요한 것은 어려운 상황에도 하나님을 신뢰하는 것이다. 예배 인도자를 예로 들면 큰 실수 없이 예배를 끝까지 인도하는 것, 포기하지 않고 끝까지 연주하는 것, 더듬지 않고 기도를 인도하는 것, 미처 다 알 수 없는 불확실한 상황에서도 성령을 신뢰하고 회중을 인도하는 것이 있다. 이런 작은 성공이 쌓일수록 하나님을 신뢰하는 건강한 자신감이 생긴다. 이 과정에 들어선 새로운 지도자들과 예배 인도자들을 축복한다. 우리는 하나님 안에서 할 수 있다!

최고의 아이디어를 자유롭게 공유하라

교회와 세상을 비판적으로만 보는 철학 관점에 머물지 말고 실용성을 추구하라. 당신은 어떤 기준으로 곡을 뽑는가? 새로운 곡은 어디에서 찾는가? 곡목 배열은 어떻게 하는가? 예행연습은 어떻게 진행하는가? 예배하기 전 일상은 어떤가? 예배를 인도할 때 어떤 옷을 입을 것인가? 예배 시간에 당신의 감정을 어떻게 조절하는가? 당신의 "예배 사역 모범 사례"는 무엇인가? 코드 화성을 위한 새로운 아이디어는 어디에서 얻는가? 예배 후 피드백은 어떻게 진행하는가? 공적인 예배 사역 이외에 개인 예배와 개인 영성을 위한 성경 읽기와 묵상은 어떻게 하는가? 주로 어떤 책을 많이 읽는가? 하나님 앞에 우리의 모든 생각을 온전히 바치고 하나님의 통치를 받을 때 비로소 효과적인 예배 인도자가 된다. 앞에 나눈 많은 질문의 답을 새로운 예배 인도자들에게 숨기지 마라. 멘토링을 시작하기 전에 멘토가 극복해야 할 몇 가지가 있다.

먼저 말을 걸어라

아직도 "나는 그렇게 효과적인 예배 인도자가 아닌데…"라고 생각하는가? 당신이 예배 인도자인 것으로 충분하다. 혹은 거울에 비친 자기 모습을 보며 "나는 멘토링을 받아본 적도 없고 해본 적도 없는데…"라고 생각하는가? 자, 그 정도면 충분히 소심했으니 이제 멘토링을 시작하자. 누군가가 당신에게 멘토링을 요청할 때까지 기다려야 한다는 사탄의 설득에 시간을 지체하지 마라. 당신이 먼저 그들에게 다가가라. 누군가를 멘토링 하는 것은 "내가 그 사람보다 낫다"는 말이 아니니 용기를 내라.

"왜"라는 질문에 답을 준비하라

이 단계가 진짜 시작이다. 당신이 "왜 새로운 인도자를 멘토링 해야 하는가?"라는 질문에 답하지 못하면 멘토링을 시작할 수 없다. 만일 한다 해도 오랜 시간이 걸리거나 열심히 하기 어려울 것이다. 많은 새로운 예배 인도자를 위해 당신의 멘토링이 필요하다. 왜 멘토링은 가치 있는 투자인가? 내 생각은 이렇다.

청지기 정신

나는 하나님께 받은 타고난 재능(달란트)이 있다. 내 재능은 하나님께서 주셨으며 나는 청지기일 뿐이다. 우리 주님은 내가 받은 재능으로 어떻게 하기를 원하실까? 재능을 관리하는 것? 맞다. 하지만 관리할 뿐만 아니라 재능을 더욱 계발해서 늘려야 한다. 마태복음 25:14~30절에 나온 달란트의 예화를 보면서 나는 내가 감당할 만큼의 재능을 받았다고 생각한다. 중요한 것은 달란트를 얼마나 받았는가가 아니라 내가 받은 달란트로 무엇을 했으며 누구를 도왔는가가 중요하다. 스스로 자기의 달란트를 잘 관리했다면 분명한 증거로 달란트가 점점 증가할 것이다. 처음에는 나 혼자 예배를 인도했지만 지금은 다른 누군가와 함께한다면 증가한 것이다. 나 혼자 이전보다 많은 일을 하는 것보다 누군가와 함께 하는 것이 더 좋다.

탈진을 막아라

같은 수많은 지도자와 예배 인도자가 고립감에 빠진 체 탈진하고 있다. 안타깝게도 내가 운영하는 애드립 뮤직에 매일 같이 탈진한 예배 인도자의 소식이 들어온다. 우리는 지도자들과 예배 인도자들이 예수님을 향한 사랑과 순수한 헌신으로 고립과 탈진을 이기고 열매 맺도록 돕는다. 지도자와 예배 인도자가 멘토링 할 때 새로운 예배 인도자의 영적인 침체와 고립감, 탈진 그리고 시대에 뒤떨어지는 것을 막는다.

우리가 누군가에게 기술이나 개념을 가르치는 것은 매우 힘든 일이지만 끊임없이 자신을 돌아보기 때문에 계속해서 배우고 성장할 수밖에 없다. 내 교수님 중 한 분이 이렇게 말했다. "어떤 교사든지 자신이 가르치는 모습을 영상으로 찍어서 신뢰하는 동료에게 조언을 부탁한다면 6개월 후에 가장 유능한 교사가 될 것입니다." 자신을 직면하는 것은 스스로 연약함을 마주하기 때문에 굉장히 힘들지만 이 과정을 통해 지도력을 10년 이상 효과적으로 연장할 수 있다. 어쩌면 여러분의 멘티가 여러분이 잘 모르는 최신곡을 고를지도 모른다(당신이 섬기는 회중에겐 기쁜 소식일지도 모른다!). 하지만 이런 상황을 통해 오히려 "높은 산들 흔들리고(Did You Feel the Mountains Tremble)", "예수 이름 찬양(Praise the Name of Jesus)" 혹은 "주여 내가 기쁘게(Lord, I Am Fondly)"와 같은 곡이 왜 의미 있는 고전인지 나눌 기회를 준다.

여러분이 처음에 시작할 때 어땠는지 떠올려 보라. 매사에 불안하며 흥분하고 의존하며 기도하고 열정적이었는가? 이제 막 우리가 처음 시작하던 그 시작점에 서 있는 누군가와 걸으며 예배 인도라는 영광스러운 역할을 새롭게 깨닫고 회복하게 될 것이다. 멘토링으로 우리는 마치 새신자를 양육하든 우리도 성경을 새로운 눈으로 보고 다른 사람에게 복음을 전하고 싶은 마음, 기도하고 싶은 마음으로 가득 찬다.

아직 멘토링을 시작하지 않았다면 지금 여러분과 함께할, 혹은 여러분의 뒤를 이을 다음 세대 예배 인도자를 찾아 멘토링을 시작하라. 당신의 자리가 강단 중앙에서 구석이 되는 것을 두려워 말고 자리를 내어 주라. 떠오르는 새로운 세대를 도울 사람은 다른 사람이 아니라 바로 당신이다. 다음 세대 예배 인도자와 예배자를 찾아 멘토링 하자.

데이브 헬무스는 예배 인도자와 예배팀, 그리고 회중이 예배하는 삶을 살면서 성장하도록 돕는 일을 한다. 데이브는 해답을 찾아서 문제를 해결하는 열정이 있으며 주변 사람도 자기처럼 하게 하는 신기한 재주가 있다. 많은 인도자가 데이브만이 하는 고정 관념을 탈피한 새로운 의견을 들으려고 찾아온다.

또 데이브는 자신이 설립한 애드립 뮤직이라는 단체에서 코칭팀을 이끈다. 이들의 사명은 인도자들이 예수님을 향한 사랑과 순수한 헌신으로 고립과 탈진을 극복하고 많은 열매를 맺도록 돕는 것이다. www.adlibmusic.com 에서 이 개혁에 동참하라.

부록 A

예배 101 진행팀 계획 체크리스트

☐ 예배 101을 통해 이루려는 목표를 정하라. 당신의 목적과 비전은 무엇인가?

☐ 교회의 담임 목회자와 청소년 사역자, 교회 학교 선생님들과 미리 계획을 나누고 협력하라.

☐ 미리 계획을 세우고 일정을 짜라. 특히 교회 전체 일정과 교회 학교 일정이 충돌하지 않도록 주의하라.

☐ 아주 구체적으로 예산안을 작성하라. (예산이 얼마나 필요한가? 참가자들은 회비를 낼 것인가? 음식이나 다과는 후원받을 것인가? 후원자들이 학생들의 책과 교재비를 지원할 것인가?)

☐ 어떤 영역에 자원봉사자가 필요할지, 각자의 책임이 무엇인지 구체적으로 정하라.

☐ 자원봉사자를 모집하고 훈련하라.

☐ 학생 한명 한명을 기도와 재정으로 도울 후원자를 찾아라.

☐ 개인적인 대화나 광고 같은 수단으로 청년들이 참여하게 하라.

☐ 과정에 참여할 청소년들에게 어떤 일이 일어나길 기대하는지 정리해 보라.

□ 장래가 촉망받는 청소년들과 그들의 부모를 만나라.

□ 어떤 워크숍을 제공할지 계획하라. 워크숍은 학생의 구성에 따라 달라진다.

□ 미리 식단을 짜라.

□ 교육과 개인 묵상을 위한 교재를 신중하게 선택하고 주문하라.

□ 각 모임마다 적절한 시간표를 짜라.

□ 예배를 청년이 주도하도록 계획하라. 소수의 등록 학생들을 참가시키는 것도 좋다.

□ 발성 워크숍과 악기 워크숍에 필요한 음악 자료를 정하고 준비하라.

□ 다른 워크숍을 위한 자료를 수집하라. 예를 들면 음향 워크숍을 위한 훈련교재, 창의적 미술 워크숍을 위한 자원 등이 있다.

□ 예행연습 일정을 짜라. 매주 구체적인 연습목표를 세워 청년과 청소년 주도의 예배를 위해 충분히 음악을 듣고 준비하게 해야 한다.

□ 예배 101 프로그램을 운영하는 전후 잊지 말고 교회와 소통하라. 최신 소식, 온라인, 소식지가 포함된다.

부록 B

예배 101 자원봉사자 책무

일반 봉사자의 책무

- 참석이 어려울 때는 미리 진행팀에게 알려라.
- 정시에 도착하라.
- 무엇이든 기꺼이 돕는 태도를 보여라. (기회를 찾아라!)
- 학생들에게 그리스도의 사랑을 보여라.
- 자기가 맡은 일을 위해 미리 준비하라. : 식사 준비, 워크숍 인도, 토론 인도, 청소, 기타 등등

학생 후원자

- 당신이 맡은 학생의 교재를 구입하라.
- 학생에게 교재를 주기 전에 책 소개를 메모에 적어 붙여 놓으라.
- 정기적으로 학생을 위해 기도하라.
- 예배 101을 하는 동안 학생에게 최소 2번 메모를 보내라.
- 가능하다면 가끔 학생이 어떻게 지내는지 물어보면서 학생의 참여도와 마음을 확인하라.
- 예배 101이 끝난 후 학생과 면담하면서 그들이 예배와 섬김

에서 무엇을 배웠는지 물어보고 그들의 재능과 장점으로 교회를 어떻게 섬길지 확인하라.

악기연주 및 발성 워크숍 인도자

- 연주할 모든 곡을 미리 익혀라.
- 매주 예행연습 시간에 나와 연습하라
- 학생들과 연주하거나 노래할 특정 부분을 미리 연습하라.
- 학생들이 노래하고 연주하는 것을 듣고 부드럽고 친절하게 지도하라.
- 악기 연주자들과 싱어들이 서로 잘 조화되도록 지도하라.
- 항상 정시에 워크숍을 시작하고 끝내라.
- 워크숍 내내 사랑과 섬김의 자세를 유지하라.
- 진행 중에 문제가 있다면 반드시 예배 101 진행팀에게 알려라.

음향 및 창의적 예술 워크숍 인도자

- 학생 주도 예배에 사용할 기능을 선별하여 준비하라.
- 학생 주도 예배에 사용할 창의적인 연구과제를 준비하라.
- 워크숍 기간에 연구과제에 맞는 주중 과제를 내라.
- 항상 정시에 워크숍을 시작하고 끝내라.
- 워크숍 내내 사랑과 섬김의 태도를 유지하라.
- 진행 중에 문제가 생기면 반드시 진행팀에게 알려라.

토론 인도자

- 토론 주제와 질문을 미리 읽고 검토하라.

- 그룹 전체가 토론에 참여하도록 격려하라.

- 당신보다 학생이 더 많이 말하도록 하라.

- 항상 사랑과 섬김의 태도로 토론 하도록 격려하라.

- 항상 정시에 워크숍을 시작하고 끝내라.

- 토론 과정에서 분위기가 지나치게 과열되면 진행팀에 알려라.

- 학생의 출석을 반드시 기록하라.

부록 C

예배 101 자원봉사자 모임 안건

도입

- 환영 인사 / 개회 기도
- 함께해 주서서 감사합니다!
- 진행팀 대표가 예배 101에 기대하는 바를 나누기

예배 101의 목표

- 학생들이 삶으로 하나님을 예배하고 섬기도록 격려한다.
- 학생들이 자신의 재능과 장점을 발견하고 주님의 몸을 섬기도록 격려한다.
- 학생과 청년이 서로를 알고 돕도록 격려한다.

올바른 마음

- 학생들을 사랑하기
- 예배의 열정을 고취하기
- 프로그램에 헌신하기
- 학생들의 마음에 하나님께서 역사하실 것을 믿기

- 예민함

예배 101 세부사항

- 일정표 검토
  - ○ 자원봉사자들은 참석하기 어려울 때 미리 진행팀에 알려라.
- 학생마다 기도 후원자를 반드시 배정하라.
- 소그룹 인도자 / 그룹원 확인
- 미리 토론할 책 소개
- 워크숍 인도자 / 학생 확인
  - ○ 진행팀에 공백이 있는지 확인
  - ○ 다양한 관심 있는 학생은 어떻게 할 것인가?
  - ○ 워크숍을 진행할 장소를 미리 배정하기
  - ○ 우려되는 점은 없는가?
- 첫 번째 예배 101 모임을 준비하기
- 필요할 때마다 미리 예산을 논의하기

책무

- (부록 B 자원봉사자의 책무 참조)

결론

- 질문
- 폐회기도

부록 D

학생 / 부모 정보 모임 안건

모든 사람이 올 때까지 배경음악을 틀어 놓기

환영 / 기도

예배 진행팀 소개

- 우리는 누구인가?
- 우리는 무엇을 추구하는가?

예배 101 설명

- 목적 / 목표
- 프로그램 개요

학생과 부모 알아가기

- 1개 혹은 2개의 질문
- 재미있는 게임으로 서먹한 분위기 해결하기

간식 (먹으면서 대화할 수 있는 간단한 다과로 준비)

이야기 나누기

- 예배 진행팀 멤버들은 지금까지의 진행 사항을 간략하게 나눈다.
- 예배 101을 경험한 학생이 경험을 간략하게 나눈다.

워크숍

- 워크숍 프로그램 자세히 설명하기
- 학생들이 관심 있는 분야를 질문하기
  - 악기를 배우고 싶은 사람은 그 악기의 기본 지식이 필요하다고 미리 설명하기

책임

- 책임의 중요성을 설명하기
- 교회 예배팀 멤버에게 필요한 것을 미리 자세히 설명하기
- 예배 101 책임과 의무를 설명하기
- 학생 정보 기입 및 서약서 서식 배부하기 (부록 E 참고)
- 첫 주 과정이 시작하기 전에 집에서 읽을 신앙서적 배포하기
- 예배 101 일정표 배포하기

예배 / 기도

부록 E

예배 101 학생 정보 / 서약 양식

이름 :

주소 :

전화 :

이메일 :

신앙간증 : (예수님과의 관계를 짧게 설명하십시오. 뒷면을 이용하셔도 좋습니다.)

기술

- 예배 영역에 활용할 어떤 기능이 있습니까? (악기, 보컬, 컴퓨터, 그림, 그래픽 예술, 사진, 영화, 예배 인도, 성경봉독, 기타)

- 이런 기술을 학교나 교회에서 사용한 적이 있는가?

- 배우고 싶은 기능이 있는가? (주의 : 악기는 최소한의 기본지식이 있어야 한다.)

예배 101 서약

이번 예배 101의 참여하기 원하는가? 이것은 :

● 외지로 떠나지 않는 한 매주 빠지지 않고 참여해야 한다. (만약 참석하지 못할 때는 인도자에게 미리 말할 것)

● 매 주 교재를 다 읽고 매일 집에서 성경을 묵상해야 한다.

● 숙제를 해야 한다 :

  ○ 악기 연주 워크숍 참가자는 인도자가 지정한 곡을 미리 집에서 연습해야한다.

  ○ 음향 및 창의적 예술 워크숍 참가자는 인도자에게 받은 프로젝트를 실행한다.

　　____하겠습니다. ____지금은 하지 않겠습니다.

이 양식을 (주소 혹은 장소) 로 (날짜) 까지 보내주세요.

부록 F

탐 크라우터의 예배 사역 정보

TRAINING-RESOURCES.ORG

WORSHIPSEMINAR.COM

TOMAKEYOUTHINK.COM

WORSHIPMINUTE.COM

WORSHIPLEADINGANSWERS.COM

WORSHIPMINISTRYDEVOTIONS.COM

WORSHIPLEADINGCOACH.COM

WORSHIPCONFERENCELIST.COM

WORSHIPLEADERSUMMITS.COM

부록 G

탐 크라우터의 저서들

1. 하나님의 손에 훈련된 예배 인도자 / 예수전도단, 2012

2. 처음처럼 예배하라 / 예수전도단, 2008

3. 효과적인 찬양사역 / 예수전도단, 1995

4. 회중을 춤추게 하는 예배 인도자 / 예수전도단, 2006

5. 예배자가 알아야할 60가지 메시지 / 예수전도단, 2016

6. 우리의 예배를 받으시는 12가지 이유 / 예수전도단, 2011

7. 예배자에게 필요한 30가지 영적 기초 / 예수전도단, 2009

8. 하늘의 예배를 회복하라 / 워십리더, 2019

9. 워십리더 핸드북 / 횟서북스, 2003

10. 50인의 예배 인도자 1 / 횟서북스, 1997

11. 50인의 예배 인도자 2 / 횟서북스, 2002

12. 워십리더 멘토링 / 벧엘북스, 2020

탐 크라우터
TOM KRAEUTER

탐 크라우터는 하나님과 하나님의 자녀를 사랑하는 마음을 품고 성경적인 기독교 예배를 알리는 대표적인 강사다. 20권이 넘는 책을 저술한 인기 도서 작가이며 예배 인도자, 탁월한 소통가다.

탐은 켄트 헨리와 함께 최초의 현대 예배 전문 잡지인 Psalmist magazine의 편집장을 역임했으며 워십 뮤지션 매거진과 워십 리더지의 단골 칼럼니스트로서 교회 성장, 예배 사역 등의 다양한 주제로 글을 기고한다. 탐은 수백, 수천 개의 교회의 수만 명의 신자를 트레이닝 리소스라는 사역을 통해 기독교인이 성경적인 예배를 통해 하나님과 친밀한 교제를 맺고 강화하는 사역에 매진하고 있으며 일상을 성경에 적용하여 통찰하는 탁월한 은사가 있다.

탐은 자체적으로 정기적인 예배 세미나를 열고 있으며 동시에 빌리 그래함 트레이닝 센터, 브레이크 포스 캐나다, 인테그리티 뮤직 세미나, 인터내셔날 워십 인스티튜드, 크리스천 뮤지션 서밋에서도 강연했다. 크고 작은 수많은 교회와 예배 사역이 탐 크라우터를 특별 강사로 초청하였으며 침례교, 복음주의, 재세례교파, 오순절, 루터교, 장로교, 감리교, 빈야드, 독립 교단을 비롯한 40여 기독교 교파에서 사역했다.

탐은 1978년부터 40년간 미주리주 세인트루이스에 있는 크리스천 아웃리치 센터의 일원으로 있었으며 그중 20년은 전임으로 사역했다. 현재 아내 바바라와 세 명의 성인 자녀와 미주리주 골드먼에 살고 있다.

 도서 안내

승리의 종말론

주님의 몸 된 교회는 계속해서
주님의 영광을 향해 성장하며 더욱 더 연합되어
이전에 보지 못한 하나님의 권능을 나타내고,
사탄은 결단코 이 세상을 장악하지 못할 것이다.
우리 주 예수 그리스도께서 만주의 주, 만왕의 왕으로서
모든 대적을 그 발아래 굴복시키실 것이다!

값 16,000원

요한계시록 주석 : 과거주의 견해

많은 성도들이 요한계시록을
신화적인 허구나 어려운 책으로 생각한다.
이 책은 요한계시록을 성경 본문의 문맥과
기록 당시의 정황을 통해 풀어 나간다.

값 11,000원

하나님의 사랑받는 자녀가 되다

이 책은 하나님 아버지의 가족으로 입양되어
양자 된 우리의 정체성을 입양을 통해 설명해 줍니다.
입양된 아이들이 경험하는 여러 가지 힘겨움은
우리가 하나님 나라에서 경험하는 것과 아주 비슷합니다.
이 책을 읽는 동안 여러분이 하나님 아버지의 사랑과
더 깊은 연결점을 발견하게 되기를 기도합니다.

값 7,500원

지성소

성령님께서 지금 이 시간 그리스도의 거룩한 신부들이
지성소로 들어가도록 부르신다.
하나님께서 가장 높고 은밀한 지성소에서
천국의 사명과 계시, 하나님의 뜻과 거룩한 부르심을 주시고
이것을 성취할 수 있는 권능을 주신다!

값 10,000원

워십리더 멘토링

지 은 이 : 탐 크라우터 외
옮 긴 이 : 황성은, 고진호
표   지 : 조종민
펴 낸 이 : 한성진
펴 낸 날 : 2020년 4월 27일
펴 낸 곳 : 벧엘북스 BETHEL BOOKS
등   록 : 2008년 3월 19일 제 25100-2008-000011호
주   소 : 서울시 강남구 삼성2동 26-31, 한나빌딩 지층
웹사이트 : www.facebook.com/BBOOKS2 또는 벧엘북스로 검색
문   의 : 010-9897-4969
총   판 : 비전북 031-907-3928
I S B N : 978-89-94642-35-2 (03230)

※ 잘못된 책은 교환해 드립니다.

※ 책 값은 뒷표지에 있습니다.

※ 이 도서의 국립중앙도서관 출판예정도서목록(CIP)은 서지정보유통지원시스템
홈페이지(http://seoji.nl.go.kr)와 국가자료종합목록 구축시스템(http://kolis-
net.nl.go.kr)에서 이용하실 수 있습니다. (CIP제어번호 : CIP2020015676)